"부자이면서 아름다운 삶을……."

청소년을 위한 이야기 경제학

앙드레 푸르상

이은민 옮김

東文選

청소년을 위한 이야기 경제학

ANDRÉ FOURÇANS
L'ÉCONOMIE EXPLIQUÉE Á MA FILLE

Éditions du Seuil, 1997

This edition was published by arrangement
with Éditions du Seuil, Paris
through Shinwon Agency, Seoul

이 책에는 헌사를 넣지 않겠다. 다만
그 애의 이름이 끌레르라는 것만을 밝혀둔다.

차 례

사람들이 겪는 문제는
그들이 모르고 있는 것에 있는 것이 아니라,
그들이 아는 바대로 이루어지지 않는 것에 있다.

슬픔에 빠진 나는 이 끔찍한 생각이 누구에게서
비롯되었는지 더 이상 알 수가 없다. 그럼에도 불구하고
그는 얼마나 유명한 경제학자인 체했을까!

첫째 날, 하느님은 태양을 창조했다.
악마는 일사병을 만들어 이에 맞섰다.
둘째 날, 하느님은 성(性)을 창조했다.
악마는 결혼 제도를 만들어 이에 대항했다.
셋째 날, 하느님은 경제학자를 창조했다.
악마에게 이것은 가혹한 도전이었다.
한참을 생각한 후, 그는 마침내 만들어 내기에 이른다……
두번째 경제학자를.

— 익명의 경제학자들 —

프롤로그
세상에서 가장 오래 된 직업

너를 위해 한 권의 책을 쓴다는 것, 오래 전부터 나는 이 일을 하고 싶었다. 네가 어렸을 때처럼, 그리고 우리가 서로 손을 잡고 거닐면서 라마르틴이나 빅토르 위고 같은 민족 시인들을 훨씬 능가하는 시들을 지었을 때처럼 말이다. 하지만 이제껏 우리는 너무 젊고 또 어렸기 때문에 이 모험에 뛰어들 수가 없었다. 시간이 흘렀고, 이제 적당해 보이는 때가 되었다. 그러나 안심해라. 경제학이라든가 경제학자들·교수들, 또……이 아빠로 인해 너의 기분을 상하게 하려는 의도는 전혀 없으니까. 아니, 네가 아주 어렸을 적부터 우리가 함께 맛보았던 대화의 매력을 글을 매개로 영원히 유지하겠다는 일종의 의지 같은 것을 이 아빠가 지닐 수 있도록 도와 주길 바랄 뿐이다. 난로 옆에서 나누는 일종의 의견 교환 같은 것말이다. 여기에서 아빠는 불빛에 비친 그림자들, 즉 의사 소통과 서로에 대한 이해의 그림자들이 분출되기를 바란다.

경제! 그것은 인생이 아닌가? 물론 전부가 그런 것은 아니겠지. 그러나 앞으로 너도 인정할 테지만 상당 부분은 그렇다. 네가 앞으로 매일매일 세상과, 그리고 대범하기도 하고 소심하기도 한 세상 사람들과 부딪쳐야만 할 것이기 때문에, 우리가 살고 있는 시대의 경제 문제의 원리들을 이해한다는 것은 21세기의 '여성 교양인'이 될 너의 가장 기본적인 수단이 될 것이라고 생각된다. (나는 이러한 공식이 너의 초기 페미니스트적 성향을 충족시키기를 바란다.)

너에게 경제에 관한 난해한 개론을 불어넣어 주려는 생각은 없다. 더 나쁜 것은 내가 현재의 흐름과는 반대로 갈 수도 있다는 점이다. 그렇기 때문에 아빠는 명확하고 이해하기 쉽게 하려고, 더군다나 이 학문의 첫번째 명성이 즐겁고 쾌활한 사람들이 자신들의 성향을 그대로 유지시키는 것이 아님에도 불구하고 재미있게 하려고 노력할 것이다. 적어도 나는 그러기를 바란다. 그럼에도 불구하고 경제학자들과 이들의 학문은(너의 빈정거리는 시선이 눈에 선하구나) 어쩌면 일반적으로 사람들이 생각하는 것보다 훨씬 재미있을지도 모른다. 그래, 그렇단다. 네게 약속하지! 결국 한계가 있긴 하지만, 분명히 그렇단다. 하긴 좋아하는 사람에게는 모든 것이 달콤한 법이니까.

네가 잘 알아듣기를 바란다. 선동도, 아빠의 술책도 아니라는 것을 너는 알 것이다. 경제학을 이해하려면 몇 가지 노력과 최소한의 관심이 필요하다. 경제학의 수수께끼를 풀고, 그 메커니즘을 포착하기 위해서는 마치 주르댕 씨가 산문을 쓰는 것처럼 일상 속에서의 실천만으로는 불충분하다. 의학처럼 경제학은 습득되는 것이다. 비록 항상 수월한 학문은 아니지만, 그렇다고 해서 몇몇 사람들이 만들려고 하는 것처럼 이 학문이 쐐기 같은 것도 아니다. (언젠가 아인슈타인은 경제학을 공부하고 싶었지만 너무나 어려워서 물리학으로의 방향 전환을 택하였다고 말했을 정도이다……. 나는 경제학의 이 작은 악마가 자신을 위안하기 위해 살을 붙여 이 이야기를 만들어 낸 것이 아닌가 하는 의심이 든다. 경제학자들이 이따금씩 조금 지나친 자의식을 갖는 것에서 알 수 있듯이──너는 그렇게 되지 말아라. 경제학자들만 그런 것은 아니다──경제학은 마치 흩어진 화약처럼 직업의 세계에 널리 퍼져 있다.)

너에게 줄 이 책은 그렇기 때문에 개론서도, 학문적인 지침서도, 지겨운 사상서도 아니며, 기교가 압권을 이루는 것은 더더욱 아니다. 나는 네가 이 책을 경제학에 관한, 그리고 이 학문에 관계된 중요한 문제들에 관한 대화체의 흥미로운 이야기처럼 생각했으면 한다. 나는 이 이야기가 재미있을 뿐 아니라 유용한 것이 되기를 바라고, 흥미롭게 전개되지만 경박함으로 전락하지 않기를 바란다. 간단히 말해, 어렵게 생각되어지지 않으면서도 진지한 이야기가 되었으면 하고 바란다. 결코 쉬운 일은 아니지만, 아빠를 한 번 믿어 보렴.

그리고 이 대화를 네가 주변에 퍼뜨린다 해도 나는 막지 않겠다. 오히려 그 반대이다. 네가 비밀을 누설하도록 내버려둘 참이다. 그렇게 되면 오히려 내 기분이 황홀해질 것이다. 뿐만 아니라 네 친구들이 자기네 아빠들과 엄마들·형제자매들을, 거기에 그들의 삼촌이나 이모들, 사촌과 멀리 사는 친구들까지 덧붙여 우리의 논쟁에 끼어들라고 설득하고, 또 그들이 이

것을 받아들인다면 더욱 기분이 좋아질 것이다──그러면 이 아빠는 네게 그럴 듯한 직함을 주겠다고 약속하마. 내 편집자가 우리의 대화를 발전시키기 위해 고통을 감수할 정도로 이 아빠와 너의 능력을 믿고 있는지 의심스럽지만 말이다.

그러므로 경제학의 첫번째 교훈──이것은 인생의 교훈이기도 하다──은, 항상 기억하기 쉬운 "하늘은 스스로 돕는 자를 돕는다"라는 말이다.

두번째 교훈은, 경제학자들과 그들의 파괴적 기질에 관한 것이다. "경제학이 세상에서 가장 오래 된 직업이라는 것은 확실하다. 왜냐하면 경제학자들만이 혼돈을 만들어 낼 수 있었고, 신은 그 혼돈 속에서 세상을 창조했기 때문이다." 물론 이 말을 전적으로 믿지는 말아라……. 그들이 가장 나쁜 일을 하기는 했다. 이따금씩 자신들을 신처럼 생각했던 것이다!

자, 이제부터 이야기가 시작될 것이다…….

1
왜 경제학인가?

라 바르브 아 빠빠

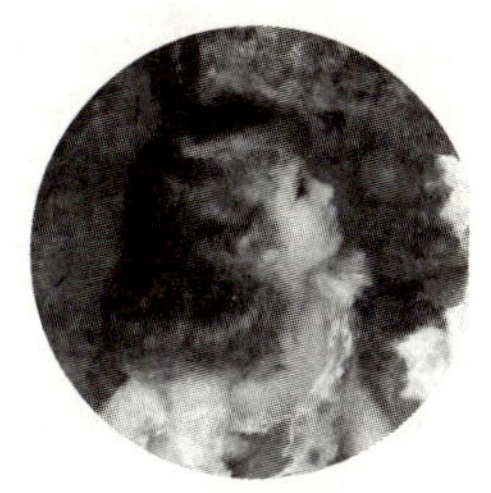

경제학, 그것은 라 바르브(솜사탕)이다! 그리고 경제학자들은 가슴이 메마르고 영혼(만일 그들에게 영혼이 있다면)이 오그라든 비참한 존재들이다! 이 진부한 사실들은 너무나 널리 알려져 있기 때문에 이제는 나도 이러한 사실들을 과감하게 이야기할 수 있게 되었다. 그렇기 때문에 이 사실들이 네가 이 책의 첫부분을 넘길 수 없게 하는 장애물로 작용할 수도 있다. 이 일은 나에게는 조금 심각한 일이 될 것이지만(내 첫번째 독자를 잃을지도 모르기 때문이다), 너에게는 그만큼 심각하지는 않을 것이다. 그렇지만 경제학은 몇몇 사람들이 주장하는 것처럼 결코 '음산한' 학문이 아니다. (사람들이 경제학에 덜덜 떨게 만드는, 혹은 '음산한 학문'이라는 부드러운 표현을 쓴 것은 19세기 영국의 한 탐미주의자에게서 비롯되었다. 이 부드러운 표현은 특히 토머스 맬서스라는 엄격한 사제의 견해들을 지칭한 것으로, 이 견해에 따르면 인구의 증가는 식량 생산의 증가보다 훨씬 빨라서, 빈민들의 생필품을 줄이고 산아 제한을 하지 않는 한 기근을 피할 수 없다는 것이다. 사제들에 관한 어떤 언급도 하지 않으므로 슬쩍 속아 넘어가면서도, 경제학자들이 재앙을 예측하는 것과는 다른 일들을 잘 해내고 있는 것은 다행스런 일이다!)

게다가 왜 더 멀리까지 도전(네가 이것을 매우 좋아한다는 것을 아빠는 알고 있다)을 밀어붙이지 않는가? 경제학은 지겨운 것이 아니라 열정적일 수 있는 학문이다. 이것은 신경 단위들을 자극하거나, 지적이고 또 미적인 몇 가지 활동을 자극하는 것만을 유일한 기능으로 삼는 죽은 언어 같은 것이 아니다. 내가 라틴어와 그리스어에 대해 존경심을 갖고 있기는 해도(너에게 강제로 이 말들을 배우도록 한 것 때문에 너는 아빠를 몹시 비난했었지), 첫눈에 보더라도 이 언어들의 실제 작용이 이 세상에서 가장 뚜렷한 것은 아니다. 경제적 지식의 목적은 살롱을 환하게 비추거나, 혹은 회랑에 모인 사람들을 깜짝 놀래 주기 위해 신통력 있는 자로 하여금 주문을 외게 하는 것이 더 이상 아니다. 아니, 오히려 이것은 목적과는 아무런 상관이 없다.

경제학은 어떤 일을 도울 수 있는 것임을 네가 믿었으면 한다. 경제학의 첫번째 목적은 세상과 이곳에 살고 있는 작은 피조물들, 즉 사람들을 이해할 수 있도록 돕는 것이고, 또 개인 생활과 사회 생활에서, 그리고 업무를 처리함에 있어서 수많은 조직체들과 온갖 종류의 협회들이 가장 훌륭한 선택을 하도록 돕는 것이다. 비록 경제학자가 내린 분석이 인간 정신의 흐름들을 면밀히 분석하려는 야심을 가지고 있는 것은 아니지만, 이 분석은 개인적·집단적인 행동과 그들의 상호 작용 주변을 설명할 수 있는 강력한 도구들을 신속하게 공급한다. 또 경제학자는 이 분석으로 부분적이긴 해도 분명한 이해력을 실어나른다. 그러나 경제 현상, 더 일반적으로 말하자면 사회 현상(사회에서 살고 있는 사람들에 관한)에 관한 이 이해력의 결실은 풍부하다. 또 이 이해력은 다른 인문과학들(사회학·심리학·정치학·범죄학·인류학)의 설명들을 전혀 부러워하지 않는다. 어떤 사람들은 오히려 그 반대라고 말하기도 한다. (이에 관해서 비일상적 영역의 현상들을 분석하기 위한 연구자들이, 경제학자의 방식을 점점 더 많이 이용하는 만큼 어느 누구도 경제학을 '지적인 제국주의'라고 비난하지 않는다. 즉 교육·관료사회·정치학·역사와, 심지어는…… 범죄학·마약·종교·가정이나 간통죄 같은 현상들을 말한다! 이로써 경제학자들이 어떤 것도 두려워하지 않음을 알게 된다. 네가——아무것도 두려워하지 않는 사람들과——같은 범주로 들어왔으니 일단 과거의 경제학을 함께 산책한 후, 아빠는 이 출렁이는 물결 속으로 서슴없이 널 빠뜨릴 것이다.)

요약하자면 경제학의 기본 법칙들과 그 철학, 그리고 그 기본들을 알고 이해한다는 것은 이성적으로 교육을 받은 완전한 시민의 기본적인 지식을 드러내는 것이다. (또 그래야만 한다.) 너처럼 세상에 대해 개방적이고 호기심 많은 아이라면 이 점을 민감하게 받아들여야 한다고 생각지 않니?

너를 경제학의 현명한 수호자로, 강력한 노벨상 후보자로 만들 생각은 없다. 나는 너를 지난 세기 영국의 가장 위대한 경제학자들 가운데 한 사람인 존 스튜어트 밀 같은 이로 만들 생각도 전혀 없다. 집에서 아버지(그 역시 경제학자였다!)에게 교육을 받았던 그는 3세 때 그리스어를 배웠고, 8세 때에는 라틴어를 배웠다. 그리고 13세 때 이미 정치경제학 강의를 완전히 다 마쳤다. 어떤 점이 너와 다른지 알겠지?

그리고 난 후 경제학은 네가 거짓 사상들을 취급하는 데 뛰어난 자들에게 맞설 때 아주 긴요한 도구가 될 것이고——신만이 그러한 사람들이 많은지 그렇지 않은지를 알고 있다——이것은 올바른 판단력을 기르기 위해, 또 통찰력을 기르기 위해 필요한 것들을 너에게 마련해 줄 터이다.

아빠는 너에게 교훈이랍시고 잔소리를 퍼붓는 것이 아니다. 만일 그렇다면 너는 나를 따르지 않을 것이고, 그에 마땅한 비난을 마음껏 터뜨릴 것이다. 나는 단지 너에게 몇 가지 지표와 표시들을, 즉 사고와 판단의 원칙들을 제시하고 싶을 뿐이다. 이러한 것들의 도움으로 너는 보다 자유로운 개인, 그리고 더욱 책임감 있는 시민이 될 것이기 때문이다. 만일 경제학의 근본 정수가(아, 위대한 경제학자로 인정받지 못한 이 아빠에게 실은 라블레 같은 시인의 자질이 있었다니!) 너의 비판 정신을 키운다면, 또 혼란스럽지만 매혹적인 환경 속에서, 네가 살아가야 할 이 환경 속에서 더 잘 자리잡고 잘 행동하기 위한 몇 가지 보충적인 방법들을 너에게 제공한다면 아빠는 그것으로 만족할 것이다.

경제학자들이 결코 서로 일치하지 않는 일을 되풀이한다고 알고 있지만, 아빠는 그들의 '학문'이야말로 진정한 학문에 속한다는 것을 알고 있다. 연금술이 화학에 속한 것처럼 말이다. 간단히 말해, 두꺼비의 분비물이나 박쥐의 추출물에서 시작하여 세상을 확실하게 알려 주었던 네 어린 시절의 매혹적인 마술사들처럼 이 경솔한 사람들을 대해야 할 것이다. 이것은 공공연하게 퍼져 있고, 또 누구라도 쉽게 인정할 수 있는 생각이다. 나는 다음장에서 이 불일치가 왜 일어나는가를 너에게 설명할 것이다. 결국 이 불일치는 카페에 모인, 대개가 경제학에 대해서는 무지한 재사(才士)들이 비난하고 싶어하는 것보다는 덜 중요한 것이다.

그러니 끈기를 갖도록 해라. 나는 공격도 논쟁도 피하지 않을 것이다. 나는 가능한 한 성실하게 서로 다른 견해들을 검토하려고 애쓸 것이다. 비록 내가 그들의 의견에 동의하지 않는다 해도, 정신이란 한 인간이 소유할 수 있는 것이면서 동시에 개방적이기도 하기 때문이다. 어떤 방식들이 다른 것들보다 더 탄탄한 것으로 입증되고, 어떤 결과들이 다른 것들보다 더 믿을 수 있고, 어떤 설명들이 다른 것들보다 더 우세해지는 것은 단숨에 이루어지는 것이 아니다. 이러한 범주에 속해 있는 것처럼 보이는 이들이 분석가들이다. 그리고 나는 네가 그 범주에 들어가기를 바란다. 다른 식으로 말하자면, 장점과 단점을 뚜렷이 부각시키려고 애쓰면서 아빠의 생각에 가장 공정하다고——혹은 거짓이 가장 적다고 ——믿는 것에 너를 들어서게 하고 싶은 것이다.

자, 이러한 생각들에 아마 너는 의심을 품을지도 모른다. 어쩌면 즉각적인 흥미를 발견하지 못할 수도 있다. 더 나쁜 것은 내가 횡설수설한다고 생각할지도 모른다는 것이다. 어쨌든 나는 너의 사고를 자극하고 싶다. 그리고 오늘이 아니라면 적어도 내일, 어쩌면 너에게 경제학이라는 아주 무미 건조하면서도 지극히 인간적인 이 학문의 중요성과 유용성을 포착하게 만들

지도 모른다. 그러니 날 따라오렴. 우리는 이따금씩 깎아지른 길들과 거칠지만 자주 우리에게 열정을 불러일으키는 길들을 함께 걸어가게 될 것이다. 그러나 반죽을 잘 시작하려면 몇 가지 방법들이 필요하다.

2
방법에 대한 짧은 설명
목가적인 것과 골치 아픈 것

　"훌륭한 이론보다 더 실제적인 것은 아무것도 없다." 이러한 원칙을 강의실이나 더 심각하게는 어떤 회의석상에서 내가 주장했을 때, 즉시 이에 대한 반박이 나왔다. (사실 이 원칙은 내가 아니라 앙리 푸앵카레라는 위대한 수학자이자 과학철학자에게서 비롯된 것이다.) 만일 내가 정식으로 어떤 폭동에 대항하려고 한다면, 그것은 존 메이너드 케인스에 대해서이다. 그는 영국의 아주 유명한 경제학자로서, 내가 태어나던 해에 내가 관심을 갖게 된 몹시 기이한 사상을 만든 사람이었다. "……경제와 정치에 관한 철학자들의 사상들이 옳건 그르건, 이것은 사람들이 일반적으로 생각하는 것보다 훨씬 중요하다. 솔직히 말해서 세상은 이 사상에 의해 전적으로 움직인다. 학문상의 영향을 완전히 뛰어넘었다고 스스로 믿는 행동가들은 보통 지나간 시대의 몇몇 경제학자들의 노예이다. 하늘에서 울려 오는 목소리들을 들었다고 주장하는 영향력 있는 사람들은, 몇 년 전에 연구소의 사소한 일들을 기록하는 서기의 머릿속에 떠오른 이상향을 다듬을 뿐이다." 정말 그럴까!

그렇다. "훌륭한 이론보다 더 실제적인 것은 아무것도 없다." 세계에 대한 비전·분석은 어떤 이론의 산물이다. (모델이라고도 한다.) 이것은 현실을 규정하고, 행동의 기본을 세우는 유일한 방식이다.

왜일까? '세계가 너무 복잡'해서 이 복잡성을 이해하기 위해서는 그것을 단순하게, 흔히 지극히 단순화시켜 나타내야 하기 때문이다. 이것은 대략적인 방식일 뿐이었고, 이 단순한 재현은 행동에 필수 불가결하다.

경제학자가 하는 일은 A라는 행위와, A가 이르게 된다고 여겨지는 B라는 목적 사이의 관계를 지배하는 메커니즘들을 되도록이면 공식화하는 것이다. 이 관계는 명확하지 않기 때문에 무엇보다도 A라는 행위가 B에 이르지 못하는 이유를, 혹은 B에 잘 이르기 어려운 이유를 아는 것은 불가능하다. 또 이 관계에 대한 설명(이론·모델)을 완성하는 것과, 이를 통해 차후의 결정을 더 개선시키는 것 역시 마찬가지이다. 그러므로 하나의 모델을 비난하는 것은 중요치 않다. 왜냐하면 이 모델은 지극히 단순한 것이고, 또 '현실적'이 될 수 없기 때문이다. 이것이 현실적이지 않다는 것은 명백한 사실이지만, 경제학자가 이 사실을 간과할 정도로 맹목적인 것은 아니다. 만일 그가 하나의 이론을 세운다면, 그것은 **순전히 아둔한** 우리가 이해하기에 너무나 복잡한 현상들의 원인을 포착할 수 있도록 돕기 위함이다. 그렇기 때문에 앞에서 기술된 현상들의 단순화되고 '비현실적인' 재현 모습을 만들어야 하는 거역할 수 없는 필요성이 제기된다. 이것이 중세 이후에 생긴 이 학문의 역사이다. 물리학자들은 원자라는 매우 단순한 모델들을 이용하고, 경제학자들은 시장이라는 역시 매우 단순한 모델들을 이용한다. 그렇다고 해서 우리가 물리학자들을 비난하는가? 그러나 이 불쌍한 경제학자들은 어떤 말을 듣고 있는가!

이러한 사실은 모든 이론들로부터 똑같은 유효성을 끌어내지 말아야 함을 뜻한다. 모델들을 터무니없이 단순화해야 한다는 것을 뜻하는 것도 아니다. "단순한 것은 거짓이고, 복잡한 것은 무용하다."(발레리) 어떤 한 현상의 중요하지 않은 사소한 모든 양상들은 간과되더라도, 중요한 요소들은 그대로 둔 채 하나의 이론을 가다듬어야 한다. 그리고 거기에 도달하는 과정은 예술성만큼이나 과학성도 입증한다. (고인이 된 알베르트 아인슈타인의 메시지가 있다. "모든 것은 **되도록 단순하게 만들어져야 한다. 그러나 그 이상은 아니다.**" 그런데 너의 지루함을 덜어 주기 위해 이 말을 약간 풍자적으로 바꾸면 이렇게 된다. "사물들은 되도록 단순하게 주시되어야 한다. 그러나 그 이상은 아니다.")

한 예를 들어 보자. 우리가 파리에서 포까지 프랑스를 횡단하기 위해 자동차를 탄다면, 우리는 자동차 도로용 지도라는 한 가지 모델을 사용할 것이다. 네 할머니가 조바심을 내며 우리를 보고 싶어하시기 때문에 되도록 빨리 도착하고 싶다면, 우리는 고속도로와 중심 도로용 지도를, 수도와 우리의 훌륭한 앙리 왕의 성까지의 지형을 아주 거칠게 나타내는 지도(하나의 모델)를 들여다볼 것이다. 그러나 이 지도는 국도들과 지방도로들·시골길들이 전부 다 나타나 있는 완벽하고 세밀한 지도보다 훨씬 유리할 것이다. 이런 지도를 본다면 길을 잃을 수 있기 때문이다. 훨씬 듬성듬성 표시되어 있는 지도를 이용할 때에는 반대로 강박관념 같은 것, 즉 프랑스라는 부드러운 나라의 구석구석을 다 돌아다니면서 관광하고픈 기분으로부터 벗어나는 이점을 얻게 된다.

이 이야기는 무엇을 시사하는가? 하나의 이론은 우리가 사용하고자 하는 기능을 발휘할 때에만 훌륭하다는 것이다. 결과를 결정짓는 것은 그 복잡성도, 어느 정도로 완벽하게 정확한가도 아니다.

매우 뛰어난 경제학자들이 결코 서로에게 동의하지 않는 것처럼 보이는 것은 그다지 놀라운 일이 아니다. 속력을 내는 사람들이 있는가 하면, 한가로이 거닐며 시간을 보내는 사람들이 있다는 것이다. 그리하여 단지 갈 길을 찾고자 하는 객관적인 귀부인에게 각 지도의 장점들에 대한 끝없는 장광설을 늘어놓는 것이다. 그러면 이 귀부인은, 경제학은 정신을 혼란시킬 뿐이라고 결론지을 것이다. 그러나 사실 서로 다른 이론들은 서로 다른 목적들을 지닌다.

그리고 오해는 더 심각해질 것이다. 왜냐하면 각자의 지도를 내세우는 자들의 정치적·문화적·미학적·정신적인 선택들이 개입될 수 있기 때문이다. 어떤 사람은 시속 2백 킬로미터를 가는 것이 그 거리를 감당할 수 있는 유일한 방법이고, 그것이 일반화되어야 한다고 판단할 것이다. 우선 그는 세세한 지도를 내버릴 것이고 그 지도를 삶의 질을 떨어뜨리는 것으로, 게다가 부도덕한 것으로 생각할 정도에 이를 것이다. 그는 이루어져야 하는 것에 관한 판단을 내릴 것이다. 이때 그는 '규범경제학'에 속하게 된다. 또 다른 사람은 시속 2백 킬로미터보다 30킬로미터로 가는 것이 더 좋다는 것을 설득하거나, 더군다나 강요하려고 애쓰지는 않을 것이다. 그는 그때그때의 (빨리 가야 할 경우나 천천히 가야 할 경우에 따라) 목적에 가장 잘 맞는 지도를 택할 것이다. 그리하여 그는 **현상태의 모**습을 원할 뿐, 토끼의 장점이나 거북의 장점에 대해 어느것이 더 낫다는 판단을 내리지 않는다. 그는 '실증경제학'에 속하게 된다. 네가 상상할 수 있는 것처럼, 이러한 구분에는 많은 오해의 소지가 있다.

어떤 현실을 설명한다는 것은 그 현실을 확인한다거나, 그 현실에 대한 도덕적인 판단을 내린다는 의미가 아니다. 이해한다는 것은 판단을 내리는 것도, 증명을 하는 것도 아니다. 물리학자들과 화학자들, 변호사들이나 석공들처럼 경제학자들도 가치들·윤리·정치적 취향을 지닌다. 그들이 규범의 영역으로 다가서게 되는 즉시, 이러한 취향들은 그들을 서로 다른 결론에 도달하도록 만든다. 예를 들어 최저 임금에 관한 합법성이 능력 없는 젊은이들의 실업을 유발한다고 말하는 것은 **현상태**에 대한 실증적인 지적이다. 그러나 이 지적이 경제학자라는 직업을 가진 자신은 응분의 대가로 고관의 임금을 바라고, 호화스런 생활을 영위하는 사람이면서 짐승처럼 몰인정하다는 것을 뜻하는 바는 아니다. 때문에 문제가 되는 규제를 없애야 한다는 것 또한 아니다. 그런 것이 아니다. 이 단계에서 경제학자는 어떤 도덕적인 판단을 내리지 않고 현재의 상태를(그가 자신의 실증적인 설명에 스스로도 깜빡 속아 넘어가지 않으리라는 것을 말하고자 하는 것이 아니다. 이것은 또 다른 논쟁으로서, 내가 곧 전개할 것이다), 하나의 포인트를 설명한다. 그게 전부이다. 그 다음에 그가 반드시 필요하다고 판단된다면 실업과 싸우기 위해서, 그리고 가장 가난하다고 판단되는 사람들을 돕기 위해서 필요한 조치들을 유도해 낼 것이다. 이때 그는 도덕적이고 규범적인 선택에 따르게 된다. 그리고 만일 그가 이러한 판단을 내리지 않는다면, 이때 비로소 그는 무자비한 짐승이 될 것이다.

네가 알고 있는 것처럼 경제학이라는 인문과학에는 수많은 함정들이 산재해 있다. (우리는 여행을 하는 중에 다른 함정들을 만나게 될 것이다.) 이 함정들은 '다른 고된 학문들'에는 존재하지 않는 것이거나 존재하더라도 아주 적다. 미리 판단이 내려진 사상들, 일반적으로 인정되고 또 감정이 많이 개입된 사상들이 이 학문의 전달 내용을 흐린다는 것이다. 수소를 구성하는 두 개의 원자들과, 산소의 한 원자가 서로 결합하여 물이라는 분자가 된다는 사실에 자신들의 윤리나 감정이 상처받는 일은 거의 없다. 그러나 과연 얼마나 많은 사람들이 최저 임금에 대한 지적에 담담할 수 있을까?

아빠는 이제 경제학자들의 숲으로 들어갈 수 있을 만큼 네가 자랐다고 믿는다. 무엇보다도 처녀지를 탐험하였을 위대한 선지자들의 숲으로 들어갈 정도로 말이다.

3
위대한 선지자들
먹을 수 있는 과자가 많을 때…

선지자들에게 경의를 표하여야만 한다. 다른 분야에서처럼 경제학에서도 마찬가지이다. 그들은 사상의 고리들을 이루었다. 이 사상들을 이해하기 위해, 아주 힘든 난관에 봉착했었던 위대한 정찰병들을 만날 수 있는 과거로 거슬러 올라가는 것보다 더 나은 방법은 없다. 그들은 경제적 분석의 개념들과 방법들을 모두 창출했던 것이다. 그들은 깊이 사고하고 뛰어난 저작을 남기는 데 일생을 바쳤다.

네가 그들의 업적을 평가할 수 있게 하기 위해, 아빠는 네가 이 장에서 소위 '고전적' 또는 '신고전적'이라 일컬어지는 경제학 사상의 중요하고도 기본적인 조류들에 익숙해졌으면 한다.

경제학은 현대의 학문이다. 이것은 18세기 개인주의적이고 자유주의적인 철학적 사고와 함께 발생되었다. 그렇다고 해서 그 전에는 이 분야가 전무했던 것은 분명 아니다. 아리스토텔레스나 플라톤까지 언급하지 않는다 해도, 토마스 아퀴나스 같은 식견 있는 사제들과 성직자들이 경제적 사고를 자극했던 것이다. 하지만 현대 경제학은 경제적인 **시스템**이 존재한다는 것이 알려지던 시기, 즉 경제가 개인적인 선택과 그들의 상호 작용을 매개체로 삼아 스스로 조정되는 하나의 통합체를 구성한다는 사실이 알려지던 때에 이르러서야 비로소 진정한 발전을 이루게 된다. 이 문제에 관한 저작을 남긴 초기 인물들은 프랑스의 중농주의자들(케네·뒤퐁 드 느무르), 아일랜드 태생의 프랑스 은행가 캉티용, 영국인 흄(존 로크 이후 한 세기가 지났다), 특히 시장 경제의 정신적 지주인 애덤 스미스였다. 그들의 경향이 어떠하건간에, 경제학자들 모두는 '그의 입에서 쏟아지는 성스러운 말들을' 듣기 위해 한 번씩은 꼭 이 거장의 발 아래로 모이게 된다.

1776년 출간된 그의 걸작 《국부(國富)의 성질과 원인에 관한 연구》(《국부론》으로 알려져 있다)에서, 이 유명한 스코틀랜드인은 아주 정확하게, 그리고 보편적인 방식으로 자신들만의 이익을 추구하는 개인들이 시장이라는 제도 덕택에 어떻게 '공공 이익'을 발전시키는가를 설명하게 된다. 그 유명한 '보이지 않는 손'은, "한 개인이 전혀 의도하지 않은 개인적 목적을 달성할 수 있게 한다……. 개인적 이윤만을 추구하는 개인은 보다 효과적인 방식으로 일을 하여 사회에 잦은 이익을 가져온다. 마치 사회에서 일을 하는 것이 진짜 목적인 것처럼 말이다." 세상에!

하지만 우리의 이 정치경제학자가 무에서 출발한 것은 아니었다. 그는 1714년 《꿀벌의 우화 ——개인의 악덕, 사회의 이익》이라는, 마치 라 퐁텐의 작품과 같은 방식으로 씌어진 우화집을 세상에 내놓아 오랜 논쟁을 불러일으켰던 네덜란드인 버나드 만데빌레에게서 영감을 받았다. (너도 알다시피 경제학자들은 그 시대에는 시인이나 철학자가 될 만한 인물들이었다. 스미스는 도덕성에 대한 이론을 쓰기도 했다.) 이 우화의 주제는 무엇이었는가? 인간 사회의 거울인 벌집 하나가 만들어지고 있지만, 거기에는 악덕이 존재한다. 이 벌집은 선과 그리스도교적인 자비를 되찾게 해달라고 기원한다. 소원이 이루어져 악이 사라졌지만, 이와 더불어 활동성과 발전도 사라지게 된다. 그리고 나태함과 싫증·혼돈이 자리잡게 된다는 것이다!

만일 그가 초기의 사상을 다시 취했다면, 스미스는 이 생각을 그리 멀리까지 발전시키지 않았을 것이다. 그리하여 그는 부지불식간에, 또 원하지 않았음에도 발전과 경제적 부로 이끄는 것이 개인적인 이윤(악이라기보다는 '한 단계 아래의 선')임을 확신하는 것에 그쳤을 터이다. 충격적이니? 그럴지도 모른다. 그러나 그런 만큼 인간적이기도 한 것이다. 이 스코틀랜드인의 이야기를 좀더 들어 보자. "우리는 저녁 식사를 마련하기 위해 푸줏간 주인이나 맥주 제조업자·빵집 주인의 호의는 계산하지 않고, 그들이 자신의 이익을 얻기 위해 쏟는 관심만을 생각한다. 우리는 그들의 인간적인 감정이 아니라 그들 자신의 애정을 원한다. 그리고 우리가 필요로 하는 것에 대해서는 말하지 않고, 그들이 얻는 이익에 대해서만 말한다."

이러한 시각은 그 이후 더욱 뚜렷해지고 깊어졌으며 형태를 갖추게 되었다. 그리고 이러한 시각의 뿌리는 늘 이 스코틀랜드 거장에 의해 심어진 채로 남아 있다. 이 스코틀랜드인에 관한 이야기로 다시 돌아가련다.

그러나 애덤 스미스와 데이비드 리카도·존 스튜어트 밀 등, '고전주의'의 핵심을 이루는 경제학자들은 그 상태에 머물러 있지 않는다. 그들은 생산 과정과 이윤에 영향을 끼치는 요인들에 대해——소비자들의 행동과 선택에 대해서보다는——관심을 갖게 된다. 그들은 특히 '수확 체감의 법칙'을 발견하게 되었다. 즉 생산의 모든 요소들(생산에 필요한 것: 토지·노동·자본)이 어느 한 가지 요소를 제외하고 늘 일정한 상태로 유지된다면, 그 한 요소의 증가가 생산량 증가에 기여하게 된다는 것이다. 그러나 이 증가는 어느 시점에 도달하고 나면, 그 이후로는 차츰 감소하게 된다. 이를 흔히 문제가 되는 요소의 '한계 생산성'이 '체감된다'고 말한다.

네가 잘 알고 있는 생산 과정의 한 예가 이 법칙을 명확하게 설명해 줄 것이다. 한 카페에서 종업원들이 나르는 유리잔의 수가 그것이다. 네가 좋아하는 카페를 상상해 보렴. 그곳은 늘 사람들로 붐비고, 그곳의 테이블과 공간은 한정되어 있다. (자본과 '토지'라는 자산이 고정되어 있다는 것이다.) 만일 1명의 종업원이 일을 할 경우, 1시간에 30명의 손님들에게 접대를 할 수 있다고 가정하자. 또 만일 종업원 1명이 더 추가된다면, 그들은 우리가 바랄 수 있는 60개 대신 55개의 잔만을 나르게 될 것이다. 왜 그런가? 그것은 바텐더가 그 전과 동일한 속도로 2명의 홀 종업원의 요구에 응할 수 없을 것이기 때문이다. 또 이 종업원들도 테이블 사이를 오가다 서로 부딪치지 않기 위해 간격을 유지해야만 할 것이다. 여기에 또 1명이 추가되면 문제는 더욱 심각해진다. 이 3명의 종업원들은 75명의 손님들만을 접대할 수 있게 될 것이다. (30명의 3배인 90명이 아니다.) 새로 투입되는 종업원은 그렇기 때문에 한계 생산성을 감소시키게 되고(유급 종업원 1명을 더 고용함으로써 생산성을 보충시켜야 한다), 이러한 생산 과정에서 발생하는 생산성은 체감된다. 만일 이 카페의 지배인이 과대 망상에 사로잡혀 계속해서 종업원수를 증가시킨다면, 한계 생산성은 결국 부정적으로 기울게 될 것이다. 즉 그들은 종업원수가 적었을 때보다도 더 적은 수의 손님들을 접대할 것이다. 바텐더는 과로할 것이고, 종업원들은 서로 밀고 밀리며 유리잔들을 깨뜨릴 것이다. 그리하여 초래되는 불쾌감과, 맞이하고 접대해야 할 손님들의 수가 결과적으로 적어지는 것에 관해서는 아무 말도 하지 않은 채 말이다. 이때 카페의 지배인은 이처럼 인적 자원을 증가시키는 것만으로는 아무런 이익을 얻을 수 없다는 것과, 다른 방식으로(예를 들어 카페를 확장한다든지) 생산성을 '높이는' 편이 훨씬 가치가 있으리라는 것을 이해하게 될 터이다.

토머스 맬서스에게 있어서 기근에 대한 기대는, 모든 사람들을 대상으로 한 이러한 유형의 시각에서 출발하여 그것을 일반화시키는 것이었다. 자연적으로 제한된 토지에서 노동이라는 요소를 증가시키면, 노동자에 의한 수확물이 감소될 정도로 출생률이 생산량을 파괴할 것이다——한계 생산성은 저조해질 것이다. 그리하여 모든 사람들을 만족시켜야 할 식량은 불충분한 것으로 드러날 터이다. 이 불길한 기대는 생산 과정이라는 본질적인 면을 과소 평가했다. 그것은 기술의 진보와 혁신성의 여파이다. (여러 가지 풍부한 것들과 양분들, 습지를 건조시켜 가치 있는 토지로 만드는 것, 문화권마다 다른 기술들, 농업의 기계화 등등.) 19세기말까지 고전학파 경제학자들은 기술의 진보가 그 한계에 이르렀다는 것을, 그리하여 수확량의 감소가 재앙을 불러일으킬 것이라고 생각하는 경향이 있었다. 어떻게 그렇게 생각할 수 있었을까! 역사는 언젠가는 그런 일이 일어나리라고 가정하더라도, 과거와 마찬가지로 오늘날에도 이 진보가 끝나려면 얼마나 오래 걸리는가를 제시해야 할 책임이 있다.

경제학은 한계 효용학파, 혹은 신고전학파의 출현과 더불어 덜 비관적이 되었다. 영국의 윌리엄 스탠리 제번스와 오스트리아의 카를 멩거, 프랑스의 레옹 발라(비록 스위스인들이 그가 로잔 아카데미에서 강의를 했다고 주장한다 해도!) 같은 이들은 현대 경제 이론의 또 다른 핵심을 다듬으면서 소비자들의 기호와 그들의 상품과 용역에 대한 요구 행위들을 더 많이 연구하게 되었다. 생산에 종사하는 사람에게 일어나는 수확 체감의 법칙에서, 그들은 '한계 효용 체감의 법칙'을 발견하게 되었다. 우리는 여기서 무엇을 알 수 있을까? 재화 혹은 용역을 필요로 하는 소비자가 누리는 만족이나 편익, 즉 한계 효용은 소비되는 상품량과 비례하여 증가하지만 소비율이 증가할수록 그 한계 효용은 점차 감소한다. 과자를 아주 좋아하는 너는 곧 이해할 것이다. 네가 몹시 먹고 싶었던 과자의 첫번째 것을 먹을 때, 그것은 아주 큰 기쁨이 될 것이다. 두번째 과자의 경우, 식욕이 처음 과자를 먹음으로써 이미 감소되었기 때문에 비교적 그 만족도가 덜하다. 세번째 과자의 경우, 적어도 아주 오랫동안 그것을 먹지 못했을 경우가 아니라면 넌 마지 못해 그걸 삼켜야만 할 것이다. 과자를 하나씩 더 먹을 때마다 너의 만족은 감소하고, 예의 한계 효용은 네 소비의 정도에 따 라 감소한다. 게걸스럽게 너는 네번째 과자를 먹으려고 할 수 도 있을 터이지만, 이것은 너에게 치명적이 되어 네 기억에 아 픈 상처를 남길 것이다. 그리하여 너는 부정적인 한계 효용, 혹 은 '비효용'을 기억하게 된다…….

한계 효용 체감의 법칙은 하나의 중요한 현상을 밝힌다. 이 것은 상품 가치에 대한 현상이다. 다이아몬드처럼 생존에 불 필요하고 거의 중요하지도 않은 조약돌이 그렇게 비싼 반면, 물 같은 것은 그렇게 싸면서도 왜 필수적이고 꼭 필요한가? 물은 흔하고, 다이아몬드는 귀하다. 그 희소성 때문에 다이아 몬드 한 조각을 보태는 것은 너에게 물 한 방울을 보태는 것 보다 더 큰 만족을 주게 된다. (네가 사막 한가운데서 갈증에 시달리는 경우만 제외하고는.) 그러므로 너는 후자보다 전자에 더 큰 가치가 있다는 것에 동의할 것이다. 이처럼 가치를 결정 하는 것, 다시 말해 한계 효용을 결정하는 것은 상품의 상대적 인 희소성이다.

가치에 대한 이론과 수확 체감의 법칙에서 출발한 경제학자 들은 어떤 특수한 조건하에서 **자발적 교환**이 경제 활동의 가 장 효과적인 조직체, 사회의 어떤 움직임보다도 개인에게 더 큰 자유를 보장하는 조직체를 구성한다는 것을 입증했다. 만일 우리가 교환을 한다면, 그것은 거기에서 우리의 이익을 발견 하기 때문이다. 네가 나에게 주는 물건은, 이 교환 행위에서 내가 너에게 주는 물건보다 나에게는 더 큰 가치를 지닌다.

그렇기 때문에 교환에는 상호적인 이득이 생긴다. 교환이 자발적이어야 한다는 명백한 조건하에서 말이다. 그렇지 않으면 그것은 강제적인 것이고, 절도 행위가 된다……. 이러한 바탕 위에서 '수요 공급의 법칙'이 발전될 수 있었다. 이 법칙은 가격이라는 매개체를 통해 시장의 균형을 이루고, 개인들의 수많은 욕구들을 조정한다. 다음장에서 너에게 더 자세히 들려줄 이야기는 그 유명한 '시장의 힘들'이다. 이처럼 시장에서 가격의 조정을 통한 자발적인 교환은 '최적의' 경제적 환경에 도달한다. (이것은 우리가 '파레토 최적'이라고 일컫는 것이다. 파레토는 파리 태생의 이탈리아인으로, 레옹 발라의 뒤를 이어 로잔대학교에서 정치경제학을 가르쳤다.) 거기에는 '최적 상태'가 있다. 어떤 부차적인 교환도 다른 누군가의 만족을 침해하지 않는 이상 한 사람의 만족을 개선할 수 없기 때문이다. 이것은 이 상태가 반박할 수 없는 완벽한 사회적 이상에 일치한다는 것을 말하고자 함이 아니다. 수입의 분배와 받아들일 수 없는 유산의 분배가 거기에서 생겨나게 된다. 다른 사람들은 비참하게 살아가는데, 이 아빠가 원하는 모든 것을 다 차지하는 경우를 너는 '최적 상태'라고 가정하겠니? 분명 그렇지 않다고 대답한다면, 너의 대답은 옳다. 이것은 우리를 더 멀리까지 데려가 시장의 어떤 결과들을 '수정하거나' 불충분한 부분에 대처하도록 하기 위해, 정부가 어떤 역할을 해야 하는가 하는 논의에 이르게 할 것이다.

이 장을 마치면서, 희부연 턱수염이 더부룩한 한 노인이 가진 심각한 논쟁의 여지가 있는 문제에 관해 몇 마디 하겠다. 그는 금세기의 정치사에 낙인을 찍은 사람이다. 당연히 카를 마르크스에 관해 말하고자 하는 것이다. 비록 그가 고전학파인 리카도의 옹호자였음에도 불구하고, 솔직히 말해서 경제적 분석에 대한 그의 기여도는 오히려 부차적이라는 것을 너에게 말할 수밖에 없음이 안타깝다. 무엇보다도 그는 사회 혁명과 개인의 의식 상태에 대한 연구에 깊숙이 관여했던 사회사상가였다. 마르크스와 그의 '사적(史的) 유물론'으로 말하자면, 생산의 관계들은 사회적 관계들과 사회 변화의 중심에 있는 것들이다. '사회주의 혁명'은 '자본가들'에게 '착취당한' 노동자들에 의해 이루어질 것이다. (그들은 모든 생산물을 만들어 내지만 임금이라는 형태로 그 생산의 일부분만을 누린다.) 물론 자본가들은 그들의 이윤 창출에 필요한 노동력을 증가시킴으로써 이에 저항할 것이다. 그리하여 그들은 혁명의 기초를 확대하고, 사회주의 혁명의 기반들을 굳히면서 자신들의 무덤을 파게 된다. 자본주의는 그렇기 때문에 피할 수 없는 자기 파괴에 이르고, 사회주의의 '위대한 그날 저녁'은 돌이킬 수 없는 것이 된다. 글쎄…… 그럴까!

어찌되었건 마르크스와 그 추종자들의 사상은 중요한 정치적 역할을 하였다. 비록 이 사상들이 권력을 위한 많은 투쟁들을 정당화했음에도 불구하고, 경제적 분석과 경제학의 진보에 미친 영향력은 오히려 인정받지 못한 채로 남아 있다.

이 비슷비슷한 기본 개념들을 너는 섭취해야 한다. (하나가 되든 여러 개가 되든 상관 없느냐고? 너무 많은 것들로 인한 한계 효용은 부정적이 될 수 있다는 것을 잊지 말아라…….) 실제적 경제 이론의 논쟁 속으로 들어가기 전에, 너에게는 또 다른 기본적 사실들이 필요하다. 그러므로 시장의 기능과 가격의 역

할을 네가 좀더 자세히 검토하면서 따라오기를 바란다. 또 이
명칭들이 왜 이따금씩 지옥의 불처럼 활활 타오르는가를 설명
해 주는 이유들도 함께 검토하기를 바란다.

4
시장, 가격, 그리고 인플레이션
멸치떼와 인간들

　'시장의 힘들'이나 '수요 공급의 법칙'이 추상적이고 모호한 본질이라고 생각지는 말아라. 분명 시장은 항상 우리 집 근처에 있는 과일가게나 채소가게, 자질구레한 것들이나 싸구려 액세서리를 파는 가게들만이 아니다. 그것은 정확한 위치도 없지만 전화나 팩스로, 혹은 증권의 경우처럼, 그리고 1차 원료들이나 화폐들을 지구 한쪽에서 반대편으로 보내는 경우처럼 컴퓨터로 형성되기도 한다. 그러나 여전히 시장은 구체적이고 물질적이며 살아 있는 존재 같아서, 그 박동은 이 존재의 피와 신경인 개인들과 제도들에 의존한다. 시장은 그 움직임을 조정하는 신호들에 반응한다. 마치 3색 신호등이 도시 교통량을 조정하는 것처럼 말이다. 이 신호들이 가격이다. 가격의 변동은 생산자와 구매자들에게 그들이 더 많이 혹은 더 적게 물건을 만들어야 하는지, 그들이 더 많이 혹은 더 적게 물건을 사야 하는지를 나타낸다.

어떻게 이 모든 것들이 작동하는가? 자, 위대한 선지자들의 교훈으로 되돌아가 보자. 한계 효용 체감의 법칙은 생산 요소에 드는 비용과 마찬가지로 기업가로 하여금 노동력과 기계, 생산에 필요한 다른 장비들의 '적당한' 양을 결정하도록 한다. 여기에서 생기는 제조 비용은 분명 최소 가격이 되고, 만일 기업이 일정 기간 이후 망하지만 않으려면 이 가격으로 판매할 수 있다. 판매 가격이 높아질수록 기업은 더 많은 이윤을 남길 것이다. 여기까지는 너도 동의할 테지? 그러나 어떤 가격도 생산자가 정할 수는 없다. 소비자가 할 말이 있기 때문이다. 이것은 잘 알다시피 생산자에게 자본의 원천을 이룬다는 점이 중요하게 작용하지만, 또한 소비를 일으키는 만족 역시 이에 작용하기 때문이기도 하다. 그리고 이 만족은 현재 네가 알고 있는 것처럼 한계 효용에 의해 결정된 것이다. (앞으로는 더 이상 과자에 대한 너의 무절제한 식욕에 관해 아무 말도 하지 않을 것을 약속하마……) 소비자는 분명 가장 낮은 가격을 원할 것이다. 생산자와 소비자 사이의 상호 작용은 그렇기 때문에 시장 가격에 이른다. 그리고 이 가격은 수요 또는 공급에 따라 변동된다. 이처럼 일반적으로 가격이 오르면 수요는 줄고 공급은 늘어난다. 다시 말해, 희귀한 물건(수요에 비해)은 비싸고 풍족한 것은 싸게 팔린다.

워크맨을 예로 든다면 훨씬 이해하기 쉬울 것이다. 소니사가 몇 군데 **해피 퓨** 지점에서만 구입할 수 있었던 이 제품을 처음으로 시장에 내놓은 것은 1979년이었다. 그후 소니와 경쟁사들은 이 소형 제품들의 가격을 10여 차례나 낮추어 생산하였고, 이 제품은 폭발적으로 팔려 나갔다. 어떻게 그럴 수 있었을까? 기술적인 혁신과 제조 공장들의 증가가 저렴해진 가격에 더 중요한 요인이 되었기 때문이다. 결과는 이렇다. 수요를 촉진시키기 위해서는 가격을 낮춰야만 하고, 또 그것은 가능한 일이었다——이것은 다만 네 귀를 즐겁게 하기 위해서가 아니라 너의 만족을 극대화하기 위해서이다.

그리하여 가격은 소비자들의 수요를 불러일으키기 위해 희소성을 분산시키고, 생산자로 하여금 그 제품의 생산을 증가 혹은 감소시키는 데 영향을 준다. 그러나 가격은 또한 그 이상의 작용을 하기도 한다. 가격은 새로운 활동을 자극하고, 많은 발명들의 원천이 된다. 유가가 인상될 때, 이른바 '대체'에너지들이 그 잠재적이고 중요한 이윤 때문에 기업가들의 관심을 끈다. 그리고 이 대체 에너지들은 소비자로 하여금 검은 황금이 되어 버린 희귀한 자원의 소비를 멈추게 한다.

이처럼 가격은 판매자와 구매자 사이의 일종의 지속적인 협상에 의해 결정된다. 가격은 거대한 컴퓨터 같은 것에 의해 처리된 엄청나게 많은 정보로 이루어진 총체적인 응축물이다. 시장과 가격의 체계는 어느 개인, 어느 제도, 어떤 강력한 기계라도 맞설 수 없는 실제적인 정보를 드러낸다.

그래 맞다, 실패하는 경우도 있다. 이 기계가 완전히 방수 처리된 것이 아니기 때문이다. 어떤 시장들에서는 신속하게 매분마다, 매초마다 수정된다. (금융 시장을 예로 들면, 거기에서의 가격·이율은 거의 늘 변동한다. 혹은 각기 다른 화폐들이 거래되는 시장은 거의 전파만큼의 속도로 움직인다.) 이보다 조금 느린 시장들도 있다. (고도의 기술력으로 만들어지는 제품들의 시장이나 노동력 시장이 그 예이다——그렇다, 누군가 특수한 자질을 가지고 있다 해도, 그것 역시 임금이라는 가격이 존재하는 시장이다.) 끈기 있게 견딘다면, 곧 너는 이러한 문제들에 관해 더 많은 것들을 알게 될 것이다. 왜냐하면 이 문제들이 현대 경제 활동의 중심에 있기 때문이다. 지난 장에서 언급했던 것처럼, 우리는 시장이 드러내는 몇 가지 결함을 메우기 위한 정부의 역할에 대해서도 알아 갈 것이다. 혹은 강제로 제거할 수 없을 경우라면, 그 마찰을 경감하기 위한 역할이 될 것이다. 이 마찰은 정부 자신에 그 책임이 있고, 이 마찰들이 수요 공급의 법칙, 네가 잘 기억하고 있는 이 법칙의 원활한 기능을 침해할 수 있기 때문이다.

이제 나는 한 가지 기능 장애를 설명하려고 한다. 그것은 때때로 경제뿐 아니라 정치·사회·인간 생활 전체를 극도로 황폐화시키는 것이다. 이 용어를 수식하는 형용사들은 헤아릴 수 없을 정도로 많다. 이때 시장은 균형과 조정이라는 강력한 힘을 상실하게 된다. 시장의 길잡이가 되어 오던 신호들은 흐려진다. 그 신호들이 전달하던 정보의 정확성은 감소된다. 반면에 불확실성이 늘어 간다. 적색등과 녹색등 사이에 혼란이 일어난다. 차량의 흐름이 원활하게 소통되지 못한다. 심지어 꽉 막히고 병목 현상이 일어나며, 더 심한 경우 심각한 사고까지 일어난다. 간단히 말해, 이런 상황에서 문제가 되는 인플레이션은 시장과 재원의 원활한 움직임을 교란시킨다. 이것은 장기적인 계획을 막고, 단기적인 투기나 투자를 부추긴다. 그리하여 이 인플레이션이 일으키는 위험한 파급을 언급하지 않을 수 없다. 왜냐하면 사회 전분야들이 일반적으로 상승된 가격

앞에서는 한결같이 안전하지 못하기 때문이다.

이보다 더 나쁜 것이 있다. 인플레이션이 흔히 하이퍼-인플레이션이라고 불리는 천문학적인 수준에 이를 때, 그것은 단지 경제 체제뿐 아니라 사회 전체를 해체하고, 대부분의 경우 독재 정치에 이르게 되는 정치적 재앙을 일으킨다. (케인스 이후, 레닌은 "민주주의를 파괴하는 가장 좋은 방법은 화폐 가치를 떨어뜨리는 것이다"라고 발표한 적이 있다. 그리고 우리의 영국 학자는 이렇게 덧붙였다. "분명 그의 말은 옳았다. 사회의 기반 자체를 파괴하는 가장 정확하고 가장 확실한 방법은 없다. 그러나 경제 법칙에 숨어 있던 모든 힘들이 파괴적이 되도록 한다면 그럴 수 있다. 그리고 1백만 명 중의 한 사람도 이러한 과정을 깨닫지 못한다.") 불행히도 이런 종류의 이야기들은 역사에 종종 나타난다. 로마 왕조로부터 1973년 피노체트의 칠레에 이르기까지, 나폴레옹 집권 시기와 바이마르 공화국의 하이퍼-인플레이션 이후 1920년대 독일에 나치즘이 팽배하던 시기에 이러한 예들이 나타났다.

이러한 사건들은 20세기 후반을 살고 있는 너에게는 먼 이야기처럼, 그리고 결코 일어날 것 같지 않은 것처럼 보일 수도 있다. 그러나 거기에 속지 말아라. 위험은 항상 거기에 도사리고 있다. 동방의 몇몇 국가들이나 주기적으로 나타나는 라틴 아메리카의 국가들을 보렴. 그리고 위험이 감돌고 있다는 것을 상기시키는 모든 차이점들을 감안해 볼 때, 1960년대와 1970년대·1980년대 초기의 서방 국가들의 경우가 여기에 해당되지 않는다고 할 수 있을까? 잠재된 바이러스와 마찬가지로, 인플레이션은 우리가 거기에 주의를 기울이지 않는 그 즉

시 재발할 수 있다. 그렇기 때문에 그것을 제어하고 통제할 줄 알아야 한다. 하지만 그렇게 하기 위해서 그 발생과 역학 관계들을 좀더 설명해야만 한다. 그렇다면 가격 폭등을 일으키는 것은 무엇인가? 이 소요를 어떻게 잠재울 수 있는가?

우선 그 개념부터 정의해 보자. 인플레이션은 **총체적인** 성격이다. 다시 말해 그것은 사람들이 가격의 일반적인 차원이라고 부르는 것, 즉 평균적인 **전체** 가격이 상승했음을 뜻한다. 이것을 어떤 특정 가격의 인상과 혼동해서는 안 된다. 왜냐하면 오른(혹은 내린) 특정 가격은 시장의 정상적인 역할, '상대 가격'의 역할에 일치하기 때문이다. 너희들의 우상 가운데 한 사람이 화면에 나와 어느 특정 구두를 보여 주면, 그 귀여운 구두에 대한 너희 세대의 갑작스런 열광으로 인해 구두 시장에서 그 제품의 가격은 급속도로 오를 수 있다. 만일 너희들이 이 필수품에 더 많은 지출을 한다면 치마 같은 것을 사는 데 드는 돈은 적어질 것이다. 그리하여 후자의 가격은 내려간다. 전체로 볼 때, 평균 가격(소비된 양으로 균형을 이루는)은 변하지 않을 것이다. 너는 모든 가격의 **평균**이 오르지 않는데도, 다시 말해 인플레이션이 일어나지 않는데도 몇몇의 상대 가격들이 오를 수 있다는 것을 알고 있다. 이러한 구분은 근본적으로 인플레이션의 힘을 몇몇 가격들의 상승으로 '설명'하려고 하는 일반적인 오류를 저지르지 않기 위한 것이다. (구두의 가격이나 더 흔하게는 유가, 1차 원료의 가격, 과일과 채소들이나 멸치 등의 가격, 그렇다, 몇 년 전에 많은 사람들이 주장하였던 것처럼 멸치의 경우가 있다!)

모든 경제 현상처럼 인플레이션은 복잡한 현상이다. 그러나 단순하게 설명될 수 있는 현상이니(어떤 사람들은 이 아빠를 단순론자라고 할 것이다) 정말 다행이다. 간단히 말해, 분명하고 실제적인 단 하나의 훌륭한 이론으로 설명될 수 있다니 말이다. (쓸데없는 소리를 하는 이 아빠를 좀 봐다오. 그러나 "하나의 훌륭한 이론보다 더 실제적인 것은 없다……"라는 말 때문에 아빠는 매우 기쁘다.) 그렇다면 이 이론은 어떤 것인가? 그것은 약간 도발적으로 "인플레이션은 항상, 그리고 어디에서나 하나의 통화 현상이다"라는 것이다. 시카고의 경제학자 밀턴 프리드먼이 1960년대에 이 장중한 문장을 사용했을 때, 그는 대학을 상당 부분 발전시켰다. 비록 이 말이 여러 가지 뉘앙스를 풍기고 있다 해도, 우리는 이 말이 오늘날에 이르러서는 이 분야의 대다수에게 수용되었다고 생각할 수 있다.

너에게 설명해 주마. '일원론적'(한 가지 원인에 의한) 시각만을 주장하면서, 그리하여 이 시각이 가격의 병폐를 '완벽하게' 설명한다고 주장하면서 모욕처럼(과거 이 문제에 관한 열띤 논쟁들이 있었던 시기에는 그러했다) 들리는 학술 용어를 사용해서는 안 된다. 이 시각은 그저 다음과 같은 사실만을 입증할 뿐이다. 즉 사람들이 유통되는(이때 동전들과 지폐들, 은행이나 우체국 예금 창구에 있는 예금들 전부를 다 포함하라) 화폐의 양을 통제한다면, 가격의 폭등은 적어도 지속적으로는 일어나지 않을 것이다. 매우 분명한 요소들이 가격 폭등을 일으킬 수 있다. (정부의 적자, 임금, 다른 나라 화폐들에 대한 환율의 하락, 수입 물품의 가격, 그리고 수입 분배를 위한 싸움, '사회적 병폐'와 1970년대 꽃피었던 다른 사회학적 해명들까지도 이 요소들에 해당되는 것은 당연하다.) 하지만 이렇게 불씨가 던져진다 해도 유통되는 화폐의 거대한 혁명이 급속도로 진행되는 경우가 아니라면, 이 요소들이 지속적인 소요를 일으키지는 않을 것이다.

급속도라고? 급속도라고 했니? 그래, 급속도로, 즉 이것은 경제적 부를 이루는 리듬보다 훨씬 빠른 평균 리듬(몇 년에 걸친)으로 성장하는 것이다. 다르게 표현한다면 경제의 실제적 팽창인 것이다.

너는 금방 깨닫게 될 것이다. 만일 화폐의 구매 능력이 지나치게 빨리 상승된다면, 즉 생산보다 더 빨리 전개된다면 어떤 일이 일어나게 될까? 사람들은 많은 것을 사고 싶어할 것이다. 상품과 용역의 전체적인 수요는 전체적인 공급의 리듬을 훨씬 앞설 것이다. 모든 시장에서 가격은 공급과 수요의 균형을 이루기 위해 상승하게 된다. 이처럼 화폐와 그뒤에 일어나는 전체 구매 능력이 구매자의 수중에 이르게 되는 상품과 용역보다 더 빨리 증가된다. 즉 전체 가격의 평균이 상승하게 된다. 물론 여기에 작용하는 수많은 과정들이 경제학이라는 기계의 수많은 조정들을 이끌어 낸다는 것을 간추려서 말한 것이다. 물론 이것이 즉각적이고 흠 없는 오선지처럼 일정한 것은 아니다. 통화량의 증가가 가격 전체의 상승을 유발하거나, 이 상승을 유지하기 전에 일정한 시간이 필요하다는 것이다. 물론 주어진 기간 동안 화폐에 의해 이루어진 자극은 가격보다는 오히려 생산을 촉발시킬 수 있다. 그러나 불행하게도 다른 수많은 경우에서처럼 이 이상적인 시나리오는 종말을 맞이하고, 결국 자극은…… 생산의 증가가 아니라 인플레이션을 일으키게 된다. 너는 그렇게 하지 말아라. 아빠가 그것에 관해 상세히 이야기해 줄 테니 말이다.

　이러한 사실들은 대낮에 피우는 네 고집만큼이나 완고하다. 여기에서 오늘날 대부분 받아들여진 충고가 생긴다. 공권력들은 유통되는 전체적인 돈(전체 화폐)이 가능한 안정적이고 일정한 리듬으로, 특별한 작용 없이, 그리고 분명 한결같은 리듬으로, 몇 가지 조정과 유사한 것들로 인한 경제의 정상적인 성장 리듬으로 발전할 수 있도록 해야만 한다. 정지했다가 움직이는 지점이지만——어느 날 사람들은 자극하고, 그 다음날 제동을 걸 수도 있다. 그러나 이것은 또 그 다음날 다시 자극하기 위함이다. 이처럼 끔찍하고 불안정한 사이클의 연속인 것이다——그것은 가격의 안정을 보장할 수 있는 전체 화폐의 평균적인 확대이다.

　이 용어들을 잘 이해하기 바란다. 개혁 반대주의처럼 비난받을 수 있을 뿐 아니라 위험하기도 한 화폐 개혁 반대론자들로 전락하는 것을 문제삼는 것이 아니다. 가격을 안정시킨다는 것은, 수치로 나타내 볼 때 평균 인플레이션 비율이 0과 2% 사이임을, 영원히 **제로 상태**가 아님을 의미한다.

　지금까지는 아주 잘해 왔다. 그런데 네가 생각하고 있는, 그리고 내가 그 중요성을 너무나 절실히 느끼고 있는(돈이 없을 때 특히……) 이 화폐는 과연 무엇인지 말할 수 있겠니? 도대체 그것은 무엇일까? 어디에서 생기는 걸까? 어디로 가는 걸까? 사람들은 돈의 생산 리듬을 통제할 수 있는가? 만일 그렇다면 그 방법은 무엇일까? (이런 종류의 질문들 속에서, 그리고 이 장의 마지막에 이르러 네 머리를 좀 쉬게 하기 위해, 20세기 사상을 빛낸 피에르 닥에 관해 약간 이야기하마. "다음 세 가지

물음들은 항상 대답 없이 존재해 왔다. '우리는 누구인가? 우리는 어디에서 왔는가? 우리는 어디로 가는가?' 나는 이렇게 대답한다. '개인적으로 나와 관련된 것 속에 있는 것이 나이고, 나는 내 집에서 왔으며, 그리로 돌아간다.'")

자, 훌륭한 질문들이라고 생각지 않니? 이 학문에 대한 너의 모든 불만들을 제거하기 위해 다음장으로 넘어가자.

5
화폐와 은행
"당신의 돈에 관심 있습니다"

불과 바퀴처럼 화폐도 아주 오래 전부터 있어 왔다. 사실 어느 누구도 이 화폐가 언제, 그리고 어떻게 만들어졌는지 알지 못한다. 반대로 사람들은 어느 시대나 가장 이국적인 물품들이 화폐의 역할을 하였다는 것을 알고 있다. 신대륙의 마른 대구, 인도양의 조가비, 피지 섬의 고래 이빨, 티베트의 찻잎으로 만든 땔감, 캐나다 인디언 지역의 가죽, 에티오피아의 소금, 그리고 거의 대부분 지역에서는 온갖 종류의 가축들을 화폐로 사용하였다. (이 점에 관해서 너는 "돈을 받고 침묵을 지킨다"라는 표현의 원천을 알고 있니? 고대 그리스에서 금속 주화들은 황소 모양을 본뜬 것이었는데, 이것은 아이스킬로스로 하여금 돈을 받고 입을 다무는 어떤 사람의 모양을 형상화하도록 자극했다……) 물론 급속도로 다양한 금속들이 화폐 제조업자들의 1차 재료로 사용되었다. 특히 황금과 은·구리가 비교적 회소성이 있고, 녹슬지 않으며, 분배와 유통에 편리하다는 이유로 많이 사용되었다. (만일 황소 한 마리를 운반하려고 해 봐라……) 최초의 평평하고 동그란 금속 주화는, 기원전 7세기경 그리스의 도시 리디아에서 만들어진 것으로 전한다. 이 화폐는 금속의 가치를 나타내는 모양에 따라 즉시 '주조되었다.' '돈'이라는 용어의 기원은, 그러므로 주노 모네타(경고자)라는 여신을 기리기 위해 세워진 언덕 위의 사원에서 주화를 주조하였던 로마인들에게까지 거슬러 올라간다. (결론적으로 이 라틴어는 네가 생각할 수 있었던 것보다 훨씬 유용한 것이다. 그러나 네 기억이 흐려질 경우에는 아빠가 널 도와 주마. 여신 주노가 경고하고 충고하므로.) 그리고 봉건 시대의 어르신들이 돈을 뿌리고 가장 아름다운 그림을 새겨넣는 권리를 멋대로 행사했다면, 그것은 단지 과대망상증 때문만도 아니고 공동의 목적을 이루기 위함도 아니었다. 그것은 많은 이익을 얻기 위함이었다. 주화들이 행사하는 구매 가치와, 그 주화가 함유하고 있는 금속의 가치 사이에 차이가 존재한다는 것이다. (오늘날 이 '영주의 권리'에 해당되는 것이 정부이다. 5백 프랑의 지폐를 만드는 데 드는 종이·잉크·수공 작업 등이 모두 합해서 거의 80상팀이라는 터무니없는 가격에 이른다는 것을 너는 알 터이다! 이는 곧 60,000% 이상의 수익성이 생긴다는 것이다. 이 정도면 괜찮은 장사가 아닐까? 잘 들어라, 이러한 행위에서 생기는 특수한 이익이 있다 해도 나는 시장으로 가서 주머니에 있는 돈을 뿌리고 돌아다니라는 충고는 하지 않겠다. 이 사소한 행위에 직접 뛰어드는 것이 더 비싸게 먹힐 테니까……)

　그러나 사실 화폐의 출현을 어떻게 설명할 수 있을까? 원시

경제 상태에서, 인간은 물건을 직접 교환한다. 너도 주기적으로 이 물물 교환을 하잖니. 그럴 때 너는 네 친구와 맞바꾼 점퍼나 가디건으로 괴상한 옷차림을 연출하고, 그리고 그 친구는 네 풀오버나 바지 중의 하나를 입었지! 네가 생각할 수 있는 것처럼 이 물물 교환의 시스템은 교환이 거의 적을 때, 그리고 '필요가 서로 딱 맞아떨어질 때'에만 일어날 수 있다. 무슨 얘기 하고 싶은 거냐고? 네 친구의 점퍼를 네가 갖고 싶어할 때, 그 친구 편에서는 네 바지를 갖고픈 마음이 있어야 한다는 것이다. 그것은 이미 너희 두 사람 사이처럼 단순하지 않다. 그러므로 이 교환이 서로 모르는 사람들 사이에서 일어날 때, 그리고 물건의 개수가 중요해질 때 일어나는 문제의 복잡성을 한 번 생각해 보렴. 이때 상품 각각의 가치, 즉 그 가격에 대한 필수적인 협상은 언급하지 않겠다. 단지 이 문제를 해결하기 위해서, 우리는 마치 화폐가 발명되지 않았던 석기 시대로 되돌아가 볼 수 있을 것이다. (이 문제는 이제 친숙해진 은어가 되어 버렸다. 즉 화폐는 교환과 관련된 정보와 상호 작용의 가치를 감소시킨다.) 그러나 거대한 '능력'과 '불멸성'을 지닌 화폐가 사라지기를 바라는 온건한 이상주의자들에게는 별 관심이 없다. (자, 사샤 기트리에 관해 조금 얘기해 보겠다. "당신이 돈을 좋아하지 않는다면, 그것을 돌려 주시오!" 아무리 기다려 봐도 헛수고다.) 결국 이 온건한 이상주의자들이 너에게 불어넣어 줄 수 있는 공감이 있다 하더라도 화폐에 관한 1차적인 진실이 망각될 수는 없을 것이다. 화폐에 관한 도덕적 판단은, 사실 그것이 경제라는 기계의 원활한 기능에 필수 불가결한 윤활유일 뿐만 아니라(사람들은 화폐가 교환의 수단이라고 말한다) 계산을 단순화하고, 또한 상품의 가치를 측정하는 데(화폐는 척도의 단위이다) 쓰인다는 것 이외에는 다른 아무것도 제기하지 않는다. 또 화폐가 파산하는 일 없이 오랜 시간 동안 수입을 지킬 수 있게 만든다는 사실도 잊지 않는다. (이것은 인플레이션이 일어나지 않는다는 아주 확실한 조건에서는 가치 저장의 역할을 한다.) 간단히 말해 화폐는 중요한 사회적 도구임에 틀림없다.

늘 너에게 당부한 것처럼, 국가들은——사람들은 스스로 나서서 하는 것보다 더 잘 대접받은 적이 결코 없다——일반적으로 주화와 은행 지폐(은행권)들을 유통시키는 독점권을 주장해 왔다. 은행 지폐의 사용은 17세기에 이르러서야 유럽과 독일 그리고 특히 영국에 소개되었고, 프랑스에서는 나폴레옹에 의한 프랑스 은행이 설립된 후였다. 그후 은행들의 성장에 은행 예금(그리고 프랑스와 같은 몇몇 국가들의 우체국 예금과 각종 은행의 예금들)이 추가되었으며, 이 은행 예금들은 수표와 전기의 사용(신용 카드, 상점의 단말기, 청구서……)으로 이루어진 성장들과 더불어 괄목할 만한 중요성을 띠게 되었다. 그러므로 돈의 총량, 즉 경제 활동 속에서 유통되는 화폐의 양은 이러한 요소들 전체를 구성한다. (너무 혼란스러워하지 않기를 바라면서 진실 그 자체를 말한다면, 우리가 그 정의에 포함시킬 수 있는 은행 예금이나 다른 형태들의 유형에 따라 사실 돈에는 많은 정의들이 있다는 것을 알아야 한다. 이러한 사실 때문에 경제학자들은 M1, M2, M3 혹은 M4와 같은 알 수 없는 기호들로 요술을 부릴 수 있는 것이다.)

이제 너는 아마 이 돈이 어디에서 오는지, 달리 표현하자면 돈이 어떻게 만들어지는지 생각해 보게 될 것이다. 물론 이 역할을 하는 것은 근본적으로 은행이다. 중앙 은행의 실제적인 지원을 통해(프랑스에서는 프랑스 은행이다), 다시 말해 (돈의) 흐름을 조절하는 것은 시중 은행들의 은행이고, 이 시중 은행들에게는 이러한 기능을 충족시키기 위한 중앙 은행이 필요하다. 그리하여 마지막 단계에서 은행의 기능과 화폐의 생산에 필수적인 원동력을 가져오는 것은 이 중앙 은행이 된다. 어떻게 이루어지는가? 프랑스어로 '공개 시장'이라 불리는 것의 중재로 은행에 돈을 빌려 주거나 은행의 자본에 직접 투자하고(우리가 말하는 BNP〔파리 국립 은행〕나 소시에테 제네랄의 준비금), 은행들은 이 자본을 기업가들이나 특정인들에게 빌려 준다. 이렇게 하면서 은행은 고객으로부터 곧바로 이익을 남기고, 그리하여 은행 예금이 동일한 비율로 증가했기 때문에 돈을 만들어 내게 된다.

아직도 잘 모르겠다면 곧 배우게 될 것이다. 은행들이 능수능란하다는 것이다! 예를 들면 그들이 예금으로 받은 그 많은 돈을 그들의 창구에 보유하고 있다고 생각지 말아라. 절대로 그렇지 않다. 그들이 보유하고 있는 돈은 그보다 훨씬 적다. 다른 말로 표현하자면, 네가 리용 은행에 예금한 1백 프랑이 은행 어딘가에 있을 자물쇠 달린 금고에 있다고 생각지 말라는 얘기다. 말하자면 이 은행은 아마 네 돈의 98프랑을 다른 누군가에게 대부하여 이익금을 만드는 데 사용했을 것이다. 은행은 고객의 지급 청구에 응할 수 있는 현금 형태의 준비금으로 2프랑만을 보유하고 있다. 나머지는 은행의 대부금으로 전환되어 새로운 예금을 창출하게 된다——그리하여 새로운 돈이 생겨나는 것이다. 이 예에서 이론적으로는 네 돈이 5천 프랑에 이를 정도로 전체 유통 화폐의 증가를 이끌 수 있다. (유명한 한 프랑스 시중 은행이 몇 년 전 "당신의 돈에 관심 있습니다!"라는 주제로 대대적인 광고 캠페인을 벌였던 것은 우연이 아니다.) 적어도 빵이 늘어나는 것만큼이나 좋은 일이라고 생각지 않니? 사실 그보다는 좀더 복잡하긴 하다. 어찌 보면 돈의 증가는 사소한 일일 것이다. 왜냐하면 중앙 은행은 은행이 돈을 만들어 내는 것을 제한하거나 부추기기 위한 다양한 장치들(가장 근본적인 것은 앞서 말한 공개 시장이다)을 보유하고 있기 때문이다. 그리하여 전체 화폐의 증가를 통제하여 일반적인 경제 목적을 더 잘 실현하기 위해, 특히 인플레이션을 막기 위해 중앙 은행은 '훌륭한 정책'을 수행하는 것이다.

한편 화폐 관리자는 보다 직접적인 방식으로 '지폐와는 다른 쪽으로 길을 열' 수도 있다. 여기에서 자신이 직접 몸을 움직여 낡은 지폐 인쇄기를 돌리는 것이 프랑스 은행 총재의 일상적인 업무라고 생각지는 말아라. 그는 그보다는 힘이 덜 드는 기술을 가지고 있다. 즉 그것은 그가 무에서(그렇다, 네가 잘 읽어냈던 것처럼 무에서 출발했다) 창출한 자본을 정부에 직접 제공하는 것이다. 거기에 중앙 은행의 특권이 있다. 그리고 정부가 특별히 의존적이라면, 다시 말해 정부가 세금이라는 형태로 거두어들이는 것보다 훨씬 더 많은 돈을 소비한다면, 은행권(지폐)은 통치자들의 엄청난 요구를 충당하기 위한 구원자로 변하게 되고…… 악을 부추기는 수행원과 함께 하이퍼-인플레이션에 도달하는 데 손색 없는 부패의 지름길이 된다. 마치 세계사에서 익히 알고 있는 것처럼 말이다. 다행히도 현대의 중앙 은행들은 이러한 기능 행사를 더 이상 원치 않는다. 그리고 중앙 은행들이 정치 권력의 하부 구조로부터 점점 멀어지자, 시중 은행들 또한 이 위험한 게임에 개입되기를 거부하는 경향이 있다——그들에게 이것을 금하는 법이 있는 것은 아니다. 여기에서 정치 권력에 독립적인 화폐 관리자들의 이익이 생겨나는데, 이것은 화폐 탈선의 위험을 줄이기 위함이다. 그렇다고 모든 위험이 제거될 수 있음을 뜻하는 것은 아니다. 중앙 은행들 역시 더욱 왜곡된 절차를 통해 정부에 돈을 공급할 수도 있기 때문이다. 정부가 중앙 은행으로부터 준비금을 받은 은행에게서 돈을 빌리는 것이다. 그리하여 최종적으로 정부에 돈을 대는 것은 중앙 은행이 된다. 지폐의 유통 경로는 항상 회전하지만 덤불로 가려져 있다. 기가 막힌 요술이다.

네가 알고 있는 것처럼, 화폐의 창출은 복잡한 역학 구조에서 생긴다. (아직 이 아빠는 너에게 총화폐량의 증가에 작용하는 어음이 어떻게 유입되고 빠져 나가는지에 대해서는 아무것도 말하지 않았다. 네 머리가 과열되기를 바라지 않기 때문이다. 또 12장에서 이 문제에 대한 해답을 얻을 것이기 때문이다.) 경제 안정에 그토록 중요한 총화폐량의 증가를 통제하는 것은, 결국에는 중앙 은행이 행사하는 정책에 달려 있다. 어쨌든 이 주제를 마무리하면서 유통되는 화폐의 증가가 영향력 있는 누군가에 의해, 프랑스 은행의 황금 보유고에 의해 결정되는 것이라고 생각지는 말아라. 거의 1914년까지의 통화량은 그랬었지만, 그 이후 이런 경우는 더 이상 나타나지 않았다. (중앙 은행들의 금고가 역사적인 이유 때문에 이 노란 금속으로 가득 채워져 있다 해도 말이다.)

　우리가 이제까지 화폐에 대해 이야기하였던 까닭에 근본적으로 그와 관련된 주제, 즉 현대 경제에서 그 역할이 매우 중요한(적어도 겉으로 나타날 정도로 이자율이 금기시되고 있는 이슬람 국가들을 제외하고) 이자율에 관한 주제를 이어서 다룰 것이다. 기분 전환 대신에, 돈과 경제에 대한 너의 생각을 더욱 풍요롭게 해주는 또 다른 시사적인 격언을 들려 주마. "인생에서 돈을 벌 것인지 쓸 것인지 둘 중에 하나를 선택해야만 한다. 이 두 가지를 다 할 시간이 우리에게는 없기 때문이다."

6
이자율과 금융 시장들

경제학자가 받는 마사지

어빙 피셔라는 금세기 전반의 유명한 미국의 경제학자는, 어느 날 마사지사에게 자신의 갈등을 이야기하였다. 그러자 마사지사가 "이자라는 자본주의의 기초, 그것은 도둑질입니다"라고 당당히 주장했다. 그의 학자다운 식견에 감동한 이 피곤한 경제학자는 자신의 교육자로서의 사명을 곰곰이 생각했다. 그러다 이 마사지사가 근육의 피로를 풀어 주는 자신의 노동에 대한 보수가 30달러까지 올랐다고 말했을 때, 그의 말을 전혀 신뢰할 수 없었던 이 교수는 이렇게 반박했다. "알았습니다. 1백 년 안에 지불하겠다는 증표를 당신에게 드리지요. 이자가 전혀 없어도 당신은 아무런 이의를 제기하지 않을 거라고 생각하는데, 그렇지 않습니까? 아마 당신의 어린 손자들에게 좋은 선물이 될 테지요."

——하지만…… 저는 그렇게 오래 기다릴 수가 없습니다.

——이자를 받는 것은 도둑질하는 것이라고 저도 믿고 있습니다. 만일 그렇다면 아주 오랫동안 당신의 돈을 기다린다는 것에는 아무런 문제가 없을 텐데요. 또한 지불되기 전의 10년 동안 나에게 그 돈을 빌려 준다면, 당신의 돈은 얼마가 되겠습니까?

——당연히…… 제가 지금 손님께 요구하는 30달러보다는 더 많아지겠죠.

피셔는 의기양양한 시선으로 이렇게 결론을 내렸다. "바로 이런 것이 이자랍니다."

이자는 흔히 소득의 한 형태로 간주된다. 이미 위대한 아리스토텔레스는 이를 반박하였고, 중세 시대에 이르러서는 교회가 이를 이었다. 교회는 꿋꿋이 이를 금지하여, 몇몇 국가에서 시행되는 이슬람 법률처럼 이자를 강력히 금지하였다. 그러나 이자는 사람들이 바라던 바대로, 몇몇 사람들이 항상 생각하는 악당이 아니다. 오늘이 아니라 내일 지불되기 때문에 채권자가 요구하는 가격일 뿐이다. 그리고 돈은 나중에 지불하면서, 현재 자신의 요구를 만족시키기 위해(예를 들면 급히 받아야 하는 마사지 같은) 채무자가 지불해야만 하는 가격이다. 달리 표현하자면, 이자율은 시간을 통해 자신의 소비(혹은 생산)를 분산시키는 하나의 수단이다. 그렇기 때문에 이자가 인간들의 비현실적이고 끝없는 탐욕은 아니다. 이자율의 역할은 현재와 미래의 자본을 잘 분산하는 것이고, 이것은 경제 활동 제반의 영역 속에 있다. 간단히 말해서, 이자율의 역할이 없다면 얼른 이에 버금가는 것을 만들어 내야 할 것이다! 영국의 한 도덕가가 "내가 지지하는 가장 훌륭한 이론에 따르면, 인류는 서로 다른 두 가지 인종으로 만들어졌다. 채권자와 채무자가 그들이다"라고 말한 것처럼 말이다. 우리 인류에 대한 이러한 견해가 완전히 사라질 것이라고 확신할 수는 없겠지만 한 가지는 분명한 것 같다. 우리 모두는 현재 또는 앞으로 언젠가는 채권자(돈을 빌려 주는 사람) 혹은 채무자(돈을 빌리는 사람)이고 또 그렇게 될 것이며, 동시에 이 두 가지 입장에 처하는 일이 현재 비일비재하고 앞으로도 그러할 것이다.

그런데 이자율은 어떻게 결정되는가? 다른 모든 가격들이 수요 공급의 법칙에 따르는 것처럼 이것 역시 자본의 수요와 공급에 의한다. 자본의 수요는 기계나 공장, 그리고 다른 장비들에 투자하기 위해 많은 돈이 필요한 기업가들에게 일어난다. 소비자 역시 차 한 대, 냉장고 또는 집을 사기 위해 자본이 필요하다. (새 옷을 예로 든다면 이해하겠니?) 채권자들은 성공적으로 절약한 사람들(버는 것에 비해 덜 소비한 사람들)이거나 은행들이다. 이자율이 낮을수록 사람들이 투자하려는 경향은 높아진다. 투자에 드는 돈이 덜 들기 때문이다. 그리고 이 투자는 현재의 자본을 효과적으로 만들어 미래에 더 많이 소비할 수 있게 한다. 반대로 높은 이자율은 앞으로의 소비를 위한 실제 자본들의 다양한 이용(사람들은 투자를 하기보다는 써 버린다)을 감소시킨다——미래의 소비보다도 현재의 투자에 더 많은 비용이 들기 때문이다. 다시 말해서, 그것은 너희 세대를 위해 이 아빠 세대가 만든 호의인 것이다. 애석한 일이지.

하지만 거기에는 이야기의 일부분만이 있을 뿐이다. 화폐 정책이 자본 시장에 대해, 그리하여 이자율에 대해 중요한 영향력을 행사하고 있기 때문이다. 느슨한 화폐 정책은 이자율을 낮춘다. 어떻게 이런 일이 일어날까? 앞장에서의 쟁점을 기억한다면 보다 명확해질 것이다. 그러나 너의 기억을 선명히 하기 위해 짧게 상기시켜 주마. 화폐 생산에 박차를 가하기 위해, 중앙 은행은 시중 은행들이 화폐 전부를 대출해 줄 수 있도록 이 은행들에게 유동성을 마련해 주어야만 한다. 시중 은행들의 은행(중앙 은행)은, 이 은행들이 자본을 얻기 위해 지불하는 가격을 낮추지 않고서는 이 보충적인 유동성을 자유로이 부여할 수 없다. 다시 말해 중앙 은행이 (그 유명한 '공개 시장'에서) 시중 은행에게 빌려 주거나, 더 직접적으로는 돈을 공급하는 데 드는 이자율을 줄여야만 하는 것이다. 이자율의 하락은 시중 은행들이 실제로 금전적 혜택을 얻기 위해서는 필수적이다. 그렇지 않으면 이 은행들은 추가 자본을 얻기 위해 할 수 있는 것이 아무것도 없을 터이다. 반대로 시중 은행들은 특정 개인들과 기업들에게 대출 비용을 낮추어 그들로 하여금 더 많은 돈을 빌려 가게 한다. 그리하여 이자율 전체가 하락하게 된다. 그러나 인플레이션, 혹은 인플레이션의 원인들이 드러내는 기대들이 가속화되지 않고…… 이자율이 초기 수준을 넘지 않는 정도이어야 한다. (우리는 곧 그 과정을 보게 될 것이다.) 이렇게 화폐의 증가가 이자율을 낮추지만, 일정 시기 후에는 새로운 상승을 촉발시킬 수 있다. 왜냐하면 지속적인 총통화의 높은 증가율, 혹은 이 높은 화폐 증가율로 인한 예측들이 낮은 이자율이 아니라 높은 이자율과 결합하기 때문이다.

네가 알다시피 사람들은 짧은 기간과 이보다는 조금 긴 기간 혹은 아주 오랜 기간 사이에 있는, 가혹하지만 전통적인 딜

레마 속으로 떨어진다. 짧은 기간의 진실이라고 해서 이보다 긴 기간에서도 진실이 될 수는 없다. 다른 예들이 이 사실을 잘 입증할 것이다. 그렇기 때문에 화폐 정책에 의한 이자율의 폭발적인 하락은, 이 하락세를 지속적으로 보장하는 담보가 아니다. 만일 사람들이 조금만 주의를 게을리 한다면, 그리고 그때그때의 경제 상황이 달라진다면 낮은 이자율은 가격을 폭등시키고, 결국에는 이자율의 새로운 상승을 초래할 수 있다. 결국 이자율을 낮은 수준으로 지속적으로 유지할 수 있는 방법들 가운데 가장 좋은 것은, 가격 안정을 보장하는 화폐 정책을 시행하는 것이다.

명석한 두뇌를 소유한 네가 충분히 구분할 수 있으리라는 생각에서, 나는 "이자율을 낮은 수준으로 지속적으로 유지할 수 있는 **방법들 가운데 가장 좋은 것**"이라고 하였다. 왜냐하면 또 다른 점도 함께 고려해야 하기 때문이다. 그것은 **실질적 이율**과 **명목적 이율**을 서로 구분해야 한다는 점이다. 아니, 아빠는 널 웃기려고 일부러 복잡하게 만드는 것이 아니다. (네가 알다시피, 아빠는 사실 샤독스의 "우리가 복잡하게 만들 수 있는데 왜 단순하게 하는가?"라는 격언을 추종하는 사람이 아니다.) 하지만 이 구분은 매우 중요하다. 명목적 이율은 시장에서 관찰된 것이다. (즉 은행 대출 시장이나 자본 시장들로, 이 자본 시장에서는 정부나 특정 개인들 및 기업가들이나 보험 회사들·퇴직 기금 기관들과 같은 다른 금융 기관들에 의해 자본이 공급되거나 요구된다.) 실질적 이율은 사람들이 관찰할 수 없다는 의미에서 '경제학자들의 작품'이 되는데, 이것은 어쩔 수 없이 존재하게 된다. (맨눈으로 관찰될 수는 없지만 엄연히 존재하는 원자(原子)나 전자(電子)보다는 직관적이다.) 이것은 채무자가 실제로 지불해야 하는 이율(여기서 잠시 엘뤼아르의 아름다운 "네가 빌린 것을, 더 좋게 만들어라"라는 구절을 떠올릴 수 있을 것이다), 혹은 채권자가 받게 되는 이율로 일단 물가 상승의 영향은 제외된 것이다. 네가 잘 이해할 수 있는 예를 하나 들겠다. 명목적 이율이 연 15%이고 물가가 연 10%씩 증가한다면, 실질적 이율은 고작 5%가 될 것이다. 내가 너에게 연 15% 이율에 1백 프랑을 빌려 준다면, 너는 연말에 가서 1백15프랑을 내게 갚아야 할 것이다. 하지만 오늘 내가 1백 프랑을 주고 산 물건이 1년 후에 1백15프랑이 된다면, 아빠가 실제로 번 것은 5%인 5프랑에 불과할 것이다. 알겠니?

이처럼 인플레이션의 전조들이 점점 높아질수록 명목적 이율도 높아진다. 채권자가 기대된 물가 상승으로부터 스스로를 보호하고자 하기 때문이다. 또 반대로 **무타티스 무탄디스**(mutatis mutandis; 시적이면서 동시에 덜 지겨운 학문이라고 생각하는 수많은 경제학자들이 좋아하는 이 라틴어는 아직도 사용되고 있다. 오늘날 이 두 낱말은 '교환해야만 하는 것을 교환한다는 것'을 뜻한다. 장담컨대 무타티스 무탄디스라는 말은 음악적일 뿐만 아니라 훨씬 함축적이기도 하다)이다. 이것은 인플레이션이 심한 국가들이 아주 높은, 때때로 터무니없이 높은 명목적 이율을 갖는 이유이다. (연 1000%, 2000%, 혹은 그 이상으로.) 하지만 인플레이션과 인플레이션의 전조들이 동일한 비중에 속하는 한, 실질적 이율은 보다 합리적이고 전통적인 수준에 있다. (실질적 이율이 명목적 이율과 기대된 인플레이션 비율의 차이이기 때문이다.) 그리고 경제적 활동, 특히 투자 활동과 일정 기간 내 성장과 고용 행위에 영향을 미치는 것은 이 실질적 이율이다.

그렇다면 실질적 이율은 무엇에 의존하는가? 이보게 윗슨, 사실 경제에 있어서 나의 대답은 명확하다네. 즉 인플레이션의 전조들을 제외한 자본의 공급과 수요에 영향을 미치는 모든 요소들에 의존한다. 아니, 더 이상 진도를 나갈 수가 없다고? 괜찮다면 마지막으로 한 번만 더 애써 보렴. 시장을 통해 간파되고 예측되는 경제의 근본적인 산물들이 여기서 중요한 역할을 한다. (자본 전문가들과 자본 시장들이 누리는 그 유명한 '근본적 산물들' 말이다.) 영향력 있는 학자들은 이러한 주제에 대해 다음과 같이 주장한다. 즉 이 근본적 산물들이란 경제 성장, 예산 적자, 사회적 적자, 절약과 투자, 기업의 이익과 인플레이션 비율의 증감에 관련된 불확실성 ——엄밀히 말해서 인플레이션 단계는 아니다—— 화폐 정책의 진지성에 대한 신뢰도를 의미하며, 물론 실업률, 그리고 국내 자본의 배치와 결부된 여러 가지 위험성 또한 뜻한다.

이 마지막 요소를 설명하기 위해 몇 마디 덧붙이마. 현대 경제가 세계를 향해 개방되어 있고, 자본들은 말하는 시간보다 더 짧은 시간 내에, 즉 24시간 내에 24회나 지구의 한 끝에서 다른 끝으로 이동하기 때문에, 여기서 중요한 사실은 국제 거래자들이 자신들이 돈을 투자하려는 그 국가의 경제 발전을 상대적으로만 신용할 경우, 국제적으로 가장 큰 위험이 실질적 이율에 합치될 수 있다는 것이다. (예를 들면 공공 비용의 적자가 너무 높다거나, 운용되고 있는 어떤 화폐 정책에 대한 신뢰도가 충분치 않다고 생각하기 때문이다.) 이러한 상황에서 이자율을 낮추는 방법은 무엇인가? 물론 **신뢰감**을 주고 진지한 화폐 정책들을 입증하거나, 이러한 정책들을 개선하면서 시장에 대한 인식을 바로잡는 것이다. 그러나 이러한 작업이 늘 쉬운 것은 아니다. 그리하여 조금 지나칠 정도로 경제 정책에 진지함이 결여된 국가들을 경계하는 시장들은, 이 국가들이 신속하게 제자리를 찾도록 촉구한다. 클린턴 대통령의 측근인 딕 시트는 이렇게 말한다. "만일 죽은 후에 영혼이 다른 육체에 깃들인다면, 예전 같으면 나는 다음 생에서 미국 대통령이 되거나 로마 교황이 되고 싶었다. 그러나 이제 나는 한 가지만을 바란다. 자금 시장이 된다면, 우리는 원하는 사람을 위협할 수 있을 것이다……."

영혼이 자금 시장으로 들어가는 대신, 그리하여 궁극적으로는 대통령으로서의 미래의 임무를 대비시키는 대신(이 아빠는 여자 교황이 되기에 네가 불리한 입장에 있다고 생각한다), 나는 성장과 발전에 관해서, 즉 국가의 부를 결정하는 것이 무엇인지 궁금해하면서도 한번도 물어보지 않았던 그 모든 것을 네 스스로 발견할 수 있게 해주겠다는 것을 약속하마. 좋은 생각이 아닐까?

세계를 대상으로 하는 이 여정 속에 우리가 들어가기를 기다리는 동안, 또 네가 **인기 있는 남자들**을 감상하기 시작했으니, 기분 전환을 위해 **월 스트리트**의 비결을 알고 있는 잘생기고 약삭빠른 마이클 더글러스의 영화를 다시 봐도 좋다——이득은 없지만…… 비용은 내가 대마.

7
국가의 부

부자이면서 아름다운 쪽이 더 좋다…

　1백 년 전, 프랑스인의 생활 수준은 오늘날 필리핀인이나 이집트인과 같았다. 제2차 세계대전이 끝날 무렵, 홍콩은 무일푼의 황폐한 섬에 지나지 않았다. 그러나 이 섬은 활기로 충만하게 되었고, 홍콩 국민들의 소득 또한 1960년 이후 7배나 늘었다. 그리고 현재 인도 중산층의 소득은 전형적인 미국인 소득의 60분의 1에 해당된다.

　왜 다른 국가들의 발전에 비해 어떤 나라들은 계속되는 빈곤 속에 머물러 있을까? 발전의 차이를 어떻게 설명할 수 있는가? 한 국가의 부의 팽창, 다시 말해 부의 증가를 결정하는 것은 무엇인가? 이것은 흔치 않은 매우 방대한 질문들이다. 그리고 개발도상국들과 공산주의에서 벗어나고 있는 국가들에게 뿐만 아니라, 모든 차이점을 감안해 볼 때 항상 활기차지만은 않은 오래 된 서방 국가들에게도 역시 이것은 중요한 질문들이다.

1968년 5월의 네 선배들처럼(나도 그 중의 한 사람이었다!) 만일 아프리카, 라틴 아메리카나 동구 유럽을 도울 수 있는 여력이 있다 해도, 물질주의로 성장한 서방 국가들에는 경제 성장의 문제와는 다른 다급한 문제들이 있을 것이라고 너는 대꾸할 것이다. 게다가 이것은 잘 알려진 것처럼 "사람들이 일정한 비율로 사랑에 빠지는 것은 아니다." 그렇지 않니? 좋다. 너의 현명함을 인정하마. 그리고 경제적인 성장이 행복을 가져다 주는 건 아니라고 너는 내게 단언하였다. 그건 사실이다. 여기에서 또 한 번 너의 총명함에 손을 든다. 이것이 그 명칭이기 때문에 사용할 수밖에 없는 '진보'는 부의 성장이 없다면 이루어지지 않는다. 그리고 사람들이 가난을 이기고, 모든 사람들과 각 개인의 생활 수준을 향상시키고자 한다면 '경제 성장'에 동의해야 한다. (만일 이 아빠가 감히 연예계의 한 소녀 스타에게 질문을 한다면, 아빠 앞에 선 이 위대한 여류 철학가는 이렇게 말할 것이다. "나는 가난했던 적도 있고, 부자였던 적도 있어요——그러나 부자인 것이 훨씬 좋다고 확신해요!") 경제 성장에 문제점이 없다는 것을 뜻하는 것은 아니다. 공해와 혼잡함·노폐물 및 사회 비용과 정신적 비용에 대한 무관심 같은 것들이 있다. 그리고 다행히도 우리에게 이러한 증상들을 없애는 것은 아니지만 완화하기 위한 방법이 전혀 없는 것은 아니다. 논쟁은 그만두고, 이제 좀 마음을 열어라. 그러면 소득이 있을 것이다.

먼저 한 가지 사실에 주목하자. 머릿속에서 자주 일어나는 고정관념과는 반대로, 부가 아닌 성장을 일구는 것은 화폐 구매력이라는 인위적 분산 작용에 의해 자극된 수요가 아니다. 만일 화폐 구매력이 성장을 촉진하였다면, 경제 문제는 오래 전부터 감탄하고 열광하는 군중들의 머리 위로 정기적으로 지폐를 뿌리는 헬리콥터들의 도움으로 해결되었을 것이다. 불행히도 국가들이 제품을 생산하고 번영을 이룩하기 위해서 필요한 것으로 노동(아빠는 이것이 피곤하다는 것을 알고 있다!)과 자본(공장들, 기계들, 운송 수단과 통신 수단), 기술과 혁신 이외의 다른 어느것도 여태 발견하지 못했다. 오랜 시간에 걸친 상품과 용역의 총체적인 수요가 국가의 부를 일으키는 원인은 아니다. 반대로 부의 창출이 지속적으로 이 상품과 용역들을 순환하게 하는 수요를 일으킨다.

그렇다면 위에서 언급된 생산의 각기 다른 요소들은 장기적인 발전에 각각 어떠한 공헌을 하는가? 기술의 진보가 가장 큰 승리자이고, 그 다음이 노동, 그리고 자본의 순서이다. 주민 한 명이 증가한다는 것은 기술적 진보의 80퍼센트를 이룰 것이다! 그렇다면 기술의 진보는 무엇에 달려 있는가? 진보적인 인식과 경제의 총체적 효과를 개선하는 것이 관건이다. 이로부터 건강('인적 자본'을 구성하는 전체)과 마찬가지로 교육과 훈련, 그리고 연구의 주된 역할이 생긴다. 또한 인간과 자본의 활동이 더욱 효과적으로 자리잡게 하기 위한(이 분야의 은어로 표현하자면, 자본을 잘 배치시키기 위한) 매우 유연하고 융통성 있는 시장의 중요성도 생긴다. 그리고 마침내 혁신적인 기업가의 중요한 역할이 생긴다. (이 마지막 사항에 대해, 20세기 전반의 유명한 오스트리아의 경제학자 J. A. 슘페터는 잊을 수 없는 기록들을 남겼다. 그에게 있어서 기업가는 개혁과 역동적 경제를 만드는 장본인이다. 성장에 대한 이론이 아니라 행동 규범과 삶을 네가 이해할 수 있게 하기 위해, 이 오스트리아-헝가리학자는 생각에 그치지 않았다는 것을 알아야 한다. 젊은 시절의어느 날, 그는 자신이 열망하는 세 가지를 말하였다. 그것은 위대한 경제학자가 되는 것, 훌륭한 기마병이 되는 것, 그리고 훌륭한애인이 되는 것이었고, 이 세 가지 고백들 중에서 그는 두 가지를실현했다고 한다. 인생은 이처럼 곤고한 것이다……)

몇 년 전 참신하면서도 사람들의 이목을 끄는 한 연구의 경향이 아주 다른 각도로, 그리고 확대된 시각으로 이 문제를조명하게 되었다. 그리하여 로버트 포겔과 특히 더글러스 노스라는 두 명의 1993년 노벨상 수상자들은 훨씬 전에 논의되었던 '신고전학파적' 요소들을 거부하지 않으면서, 오히려 이요소들의 강력한 영향을 확신하기 위해 꼭 필요한 제도적이고 조직적인 상황들에 초점을 맞춘다. 1천 년 전 중국은 세계에서 가장 부유한 나라였고, 2천 년 전 로마는 유럽에서 힘과부의 중심지였다. 이 제국들의 흥망 성쇠를 어떻게 설명할 수있는가? 900년대와 1800년대 사이의 유럽 경제사를 어떻게설명할 수 있는가? 그리고 무엇이 그 비약적인 발전을 이끌었는가? 제도들에 관해 경험적이고 역사적인 분석에 기초한 한가지 이론을 통해서, 이 저자들은 국가간 발전의 차이를 설명하기 위해 소유권의 중요한 역할과 새로운 제도들의 고안을주장한다. 자본 시장의 발전, 사회를 지배하는 법의 변화, 교육이라는 공적 도움의 변화나 다른 제도적인 변화들이 이루어지지 않았다면, 특히 용역에 있어서 최근 2세기의 발전은 이처럼 비약적으로 이루어지지 않았을 것이다. 보다 효과적으로 경제 조직체를 끌어 오면서 발전의 시대를 도래할 수 있게 한 것은, 특히 소유권의 강화와 이로 인한 시장의 생성이다. 그리고 이 발전의 시대는 전례 없는 지속성을 지니면서 오늘날까지 여전히 이어지고 있다. (주기적인 몇 가지 '실패들'이 있기는 했지만 말이다.)

1960년에서 1990년까지의 시기에 대해서, 발전의 여정에 있는 1백여 개의 국가들을 대상으로 이루어진 다른 연구들이 이러한 결론들을 더욱 강하게 뒷받침하였다. 그리하여 다음과 같은 사실들, 될 수 있는 한 시장 가격의 자유로운 작용, 공권력에 의한 권리 체계 유지, 사람들의 건강과 훈련 수준의 향상, 정부에 의한 소비 감소, 낮아진 출생률 등이 명백해졌다. 그리고 마지막으로 문화와 종교에 관계된 특징들, 권리라는 다소 개별적인 사회적 현실과 연관된 특징들, 즉 부패에 대해 다소 관대하면서도 산업 활동과 상업 활동에 어느 정도의 가치를 부여하는 사회적 현실들에 관련된 특징들 또한 고려되어야 한다.

결국 새로운 흐름은, 인프라(기초 공사) 같은 사회 공동의 지출들과 기초 연구·교육 같은 것들이 기업들을 유도하여 끌어내는 이익들을 통해 발전을 자극할 수 있다고 생각하는 경향이다. 하지만 지금까지 이루어진 연구들이 정치결정권자들을 향한 분명한 충고에 이르지는 못하였다.

이러한 분석들에서 어떤 교훈을 끌어낼 수 있을까? 우선 개발과 발전을 확신하기 위한 기적 같은 방법은 없다는 것이다. 그래도 몇 가지 귀중한 법칙들은 존재한다. 수십 년 전부터 아시아의 '호랑이들'이 이룬 성공은 이러한 점에서 혁신적이다. 경제에서 자주 중요하게 거론되었던 정부의 개입이 있긴

하였지만, 이들 나라 모두는 몇 가지 기본적인 점들을 존중했다. '거대한 균형'(인플레이션을 약화시키고, 저축을 늘이고 소비를 줄이며, 건전한 공동 자본을 형성했다)을 이루었다는 뜻이다. 또 노동력 형성에 많은 투자를 하였고, 국제 시장과 기술 혁신을 향해 자국의 시장을 활짝 열었으며, 법으로 보호된 재산권의 틀에 맞는 한에서 가격을 자유화하였고, 안정된 정치 체제를 이루었다.

오래 전에 산업화를 이룬 국가들과 연관시켜 볼 때, 경제적 힘은 또한 몇 가지 견고한 기초 위에 놓여 있기도 하다. 거대한 균형을 인정하는 것과 절약을 하면서도 기계와 설비면에서, 특히 인적 자원에 중요한 투자를 한다는 것, 또 국가적이고 국제적인 차원에서 시장을 개방하고 개혁, 특히 기술이나 조직·사회적 개혁을 이룬다는 점이다.

이 에피소드의 막을 내려야 한다. 자, 이제 너는 옛날 사람들에게서 배운 경제적 분석의 기본과, 이 분석을 지탱하는 시장의 힘에 대한 기본적 사실들을 알았다. 또 화폐 증가의 원천들과, 그로 인한 인플레이션 경향의 원인들도 알았다. 이자율과 금융 시장이 감추고 있던 비밀들이 다 드러난 것이다. 그러므로 결국 너는 국가적 부의 뿌리를 알았고, 경제라는 우리의 긴 여행을 하기 위한, 그리고 이 시대의 중요한 논점들에 활기차게 접근하기 위한 기본적인 장비들을 다 갖춘 셈이다.

8
국가의 성장과 고용: 케인스 혁명
모두에게 샴페인을!

    현대 정치경제학은 신고전학파적 분석의 우파에 의해 시작된다. (이 신고전학파의 창설에 대한 책자가 필요하다고? 이 위대한 선지자들에 대해서는 제3장을 참조하라.) 그 시각이 괄목할 만한 성장을 이루게 된 것은 19세기말과 20세기초의 두 영국 경제학자들에 이르러서였다. 그들은 앨프레드 마셜과 아서 C. 피구로 두 사람 모두 케임브리지대학교의 교수였다. 경제학이라는 자비로운 왕의 뛰어난 이 신하들은 우리에게 무엇을 남겨 주었는가? 그것은 모든 상호 작용을 지니는 최초의 일관성 있는 경제 체계 모델이다. (흔히 거시경제학이라고 일컬어지는 모델이다.) 이 학자들은 시장이 '완벽'하다는 가설에서 출발한다. 즉 가격에 대한 정보는 투명하고 모든 사람들에게 달려 있다는 것이고, 어떤 기업도 전매권이나 독점적인 위치를 누릴 수 없다는 것이다. 이 경우 어떠한 부정적인 마찰도 가격 조정과 경제라는 기계를 녹슬게 할 수 없다. 이것은 시장의 힘으로 하여금 자본을 완전하게 사용하기 위해 반드시 필요한 적합성을 이끌어 내도록 한다. 다시 말해서 생산과 고용은 가장 극대화되는데, 이는 기술의 상태와 개인들의 자유로운 선택에 의한다. 특히 그들이 제공하고자 하는 노동 분야에 관련해서는 더욱 그러하다.

신고전학파 모델의 정치경제학적 교훈과 조언은 무엇일까? 우선 공권력이 '활력'이 되어 발전과 고용을 자극하려는 것을 자제해야만 한다. 즉 공공 비용을 증가하거나 정부 자금에 구멍을 뚫어 새어 나가게 하는 것(세금의 형태로 징수되는 돈보다 더 많이 지출하면서), 혹은 새로운 화폐를 발행하는 것을 막아야 한다. 이러한 정책은 발전에 무익할 것이고, 더욱 나쁜 경우, 즉 최후에는 가격 폭등을 일으키게 될 것이다. 고용에 관해서 이론적으로는 일어날 수 없는 '어쩔 수 없는, 혹은 비자발적인' 실업은 전혀 개선되지 않을 것이다. 만일 실업자들이 있다면 그들은 '자발적으로' 그렇게 되었을 뿐이다. 왜냐하면 매우 유동적인 노동 시장에서 시장의 임금을 받고 일을 하려는 모든 사람들은 저절로 일자리를 얻게 되기 때문이다. 충격적이라고? 자, 설명해 주마. 이 시장의 가격 하락, 즉 노동력의 증가, 다시 말해 직업을 찾는 이들이 제공하고자 하는 노동력의 양이 증가하면서 일어나는 임금 하락에는 조정이 불가피하다. 이렇게 발생된 임금 하락은 기업들이 일자리를 찾는 모든 이들을 완전히 수용할 때까지 일어날 것이다. 그리고 상황이 그렇게 되면 어느 누구도 쓰러질 수가 없다. 할렐루야!

말도 안 된다고 소리지르지 마라. 이것은 이론에 불과하니까! 너는 실업 문제가 이보다 더 복잡하다는 것을 알게 될 것이다. 하지만 그렇다고 해서 서둘러 이 모델을 간단히 거부해야 한다고 추측하지는 말아라. 이것은 분석의 도구로써 유용하다. 그리고 이것이 내포하고 있는 의미는 '장기적'인 것이 아니다. 다시 말해서 시장이 결국 개선된다 해도, 거기에는 사람들이 맨 처음에 생각했던 것처럼 오류들이 있다는 것이다.

그렇다면 가장 훌륭한 신고전학파 세계에 남는 것이 가장 좋은 것일까? 철저하게 '그냥 내버려두는 것'이 정부의 유일한 역할일까? 그렇지는 않다. 정부의 의무는 되도록 완벽한 시장 조건들에 접근하기 위한 몇 가지 대책을 세우는 것이다. 전매권과 독점 기업들을 상대로 투쟁하고, 시장에 대한 장애물들을 없애거나 그렇지 않으면 낮추는 것이다. 간단히 말해 경쟁을 확대하고, 경제를 가장 유동적으로 만들 수 있는 정보들을 증대시켜 임금을 포함한 가격 전체가 공급과 수요의 힘에 따라 가장 신속하게 조정될 수 있도록 하는 것이다. 정부관계자들은 또한 인플레이션을 피하기 위해 화폐의 발행을 통제해야 한다. 화폐에 의한 자극이 생산성과 고용에 아무런 영향을 주지 않기 때문이다. 그렇기 때문에 사람들은 "화폐는 베일이다"라는 말을 한다——깜찍하지 않니? 아빠가 경제학자들은 시인들이라고 말하지 않았니…….

1929년의 위기는 이 아름다운 도구를 뒤흔들게 된다. 실업이 최고조로 상승하였다. 미국에서 먼저 그렇게 되자, 그 다음에는 유럽에서 일어났다. (존 스타인벡의 《분노의 포도》를 읽으면, 아마 너는 그 시기의 비극을 생생히 느낄 수 있을 것이다.) 그런데도 굶주린 실업자들의 행렬이 '자발적'이었다고 여전히 단언할 수 있을까? 물론 그러기는 어렵다.

평민 출신이었음에도 불구하고 훗날 케인스 경이 된, 그 유명한 존 메이너드 케인스가 자신의 명성을 확립한 것도 바로 이러한 영역에서였다. 마셜과 피구의 오랜 제자였다가 케임브리지에서 동료 교수가 된 그는, 역사와 20세기 후반의 정신들에게 대단한 충격을 몰고 온 '케인스 혁명'을 정립하기 위해 자신의 스승들과는 반대 입장에 서게 되었다. 1936년에 출판된 (고용·이자 및 화폐에 관한) 《일반 이론》이라는 제목을 단 그의 유명한 저작에서, 이 위대한 교수는 무엇을 주장하였는가? (전기(傳記)에 따르면, 그는 영국 상류층의 엘리트가 될 수 있었으면서 동시에 또한 반전통주의자이기도 하였다. 비록 그가 순수 경제학의 즐거움을 맛보았다 하더라도, 현실 세계의 쾌락에 덤덤했던 것은 아니었다. 탐미주의자이면서 예술가들을 친구로 두었던——게다가 그는 발레리나와 결혼을 하였다——그는, 주식과 화폐에 관한 사색을 즐겼고——그를 모략하려는 이들은 그가 특별한 정보통을 이용했다는 말을 은근히 퍼뜨렸다……——한 식당을 사들여 그 메뉴를 직접 정하고, 샴페인이 후한 바를 열고, 극장을 건축했으며……, 그리고 심장 발작으로 쓰러져 그로 인해 1937년 반신불수가 되고 말았다. 그러나 이것이 그의 계속적인 저작 활동과 가르치는 일, 왕자에게 조언을 하고 여러 국제 회의에서, 특히 제2차 세계대전 이후 새로운 국제 화폐 체제를 세워야 했던 브레턴우즈 회의에서 논쟁을 벌이며 협상하는 일을 막지는 못했다. 그는 호인으로 살았다. 비록 생애에서 유일한 유감을 표하였다 해도 말이다. 그것은 샴페인에 더 취하지 못했다는 것이다. 왜냐하면 또 한 번의 심장 발작이 그를 쇠약하게 만들었기

때문이다. 그리고 그후 그는 영영 일어나지 못했다. 그것은 1946
년의 일이다.)

그렇다면 이 저명한 교수는 무엇을 주장하였는가? 먼저 가
격이 완전히 유동적이라는 가설을 받아들인다면 경제적 균형
을 계속해서 분석할 수 없다는 것이다. 특히 이 유동성이 노동
가치(임금)의 하락에 관계할 경우에는 더욱 그렇다. 그 다음은
신고전학파 경제학자들이 믿고 있는 것처럼 자원을 완전하게
사용하더라도 경제 체제가 저절로 안정을 이루지 못한다는 것
이다. 이 논쟁을 이해하려면, 19세기초 프랑스의 경제학자 장
바티스트 세가 발전시킨 '판로의 법칙'으로 우회하는 것이 효
과적일 터이다. 신고전학파가 세운 이 법칙은, "공급은 그 스
스로의 수요를 창출해 낸다"는 것을 뜻한다. 다시 말해 생산
과정이 충분한 수요를 일으켜 시장에 있는 모든 재화들과 용역
들의 구매를 보장한다는 뜻이다. 그렇기 때문에 생산은 저절로
진행된다. 완전 고용이 보장되는 것이다.

어떻게 해서 이 완벽한 끼워맞추기가 가능할까? 금융 시장
의 이자율이 변동한다는 것이다. 세와 그 동료들은 경제적 요
소들에 의해 거두어들여진 모든 소득들, 소비로 지출되지 않
을 소득들(다시 말해 저축될 소득을 말한다. 같은 맥락의 오래
된 짤막한 이야기 하나가 떠오르지 않니? 교통비를 절약하기 위
해 스쿨 버스 뒤를 따라 달리는 한 아이의 이야기 말이다. 그러
자 아이는 집에서 아버지에게 이런 놀림을 받잖니. "택시 뒤를
좇아 달릴 때 더 많이 절약할 수 있을 텐데")은, 다시 말해 저축
된 이 소득들은 저절로 투자라는 형태로 경제 회로 안에 재투
입될 것이라고 생각했다. 기적 같은 일이라고? 아니, 이건 아

주 쉬운 일이다. 왜냐하면 이 경제학자들의 견해에 따르자면, 저축자들은 그에 상응하는 이자율을 얻기 위해 금융 시장에 항상 일정액을 저축하기 때문이다. 이렇게 함으로써 자본의 공급이 확대되면, 그들은 이자율을 낮춘다. 이러한 하락은 기업가들로 하여금 기계와 설비를 갖추기 위해(투자하기 위해) 필요한 자금을 대출받도록 부추길 것이다. 그리고 이자율은 저축액이 다 대부될 때까지——즉 다 투자될 때까지——떨어질 것이다. 결과적으로 이 경제 회로 밖으로 '달아날' 수는 없을 것이다. 재화와 용역의 전체적인 수요(소비의 형태로든, 투자의 형태로든)는, 기업가들이 생산해 내는 동일한 재화들과 용역들의 전체적인 공급과 자동적으로 균형을 이루게 될 것이다. 여기에서 다시 한 번 이자율과 수요 공급의 법칙에 갈채를 보낸다! (이 부분에서 자본 시장을 체제면에서 비난해야 한다고 주장하는 함정에 빠지지 말아라. 기업들에게 자금을 공급한다는 경제 기능에 있어서 이 함정의 역할은 원시적이다. 아빠는 이 사실을 네가 이미 간파했기를 바란다. 비록 환율의 엄청난 상승과 여러 세계적인 금융 시장 사이의 왕래로 인해 현기증이 난다 해도 말이다.)

케인스는 이러한 설명을 거부한다. 그에게 있어서 봉급생활자들과 기업가들에게 받아들여진 소득의 일부는, 금융 시장을 통해 경제 회로로 재투입될 수 '없게' 된다. 어떻게 그럴 수 있는가? 소득의 일부는 저장되지만, 이 소득이 유통되지도 투자되지도 않기 때문이다. (그래서 사람들은 축재나 한가한 은행 금고에 관해 이야기한다. 이 금고들이 활약할 기회가 온 것이다. 그렇지 않니?) 자신의 연금 수입에도 불구하고, 그보다 더 검소할 수 없을 정도였던 네 증조할머니를 생각해 보렴. 그분은 임종 당시 장롱 시트 사이에 5백 프랑의 지폐 몇 다발을 남기셨다. 우리를 너무 멀리 데려가는 세부 사항들에까지 이르지 않더라도, 케인스의 이러한 단언을 뒷받침하는 사상은 이런 것이다. 어떤 절약가들은 흔히 있는 이자율의 갑작스런 굴곡 현상들 때문에 자기 재산을 누설하지 않았는데, 그들은 돈을 잃을지도 모른다는 생각에 벌벌 떤다는 것이다. 그리하여 그들은 자기 집 깊숙한 곳에 재산을 잘 간직하는 것을 택하게 될 터이다. 비록 그 재산들이 그들에게 어떠한 이익을 가져다 주지는 않지만, 동시에 아무런 손해도 입히지 않기 때문이다. 그리하여 이 의심 많은 사람들의 절약은 기업에 대한 재투자로 이어지지 않을 것이다. 또한 생산 과정 자체를 가동하기 위해 요구되는 충분한 자본 확보에 필요한 이들의 투자를 기업가들은 얻지 못할 것이다. 그리고 이러한 '실패'로 인해 황폐한 결과들이 생긴다. 경제 체제는 자본의 완전한 이용보다 한 단계 아래에 있는 생산의 차원에서, 다시 말해 실업이 일어나는 불황의 상황에서 안정되게 된다. 그리고 이때의 실업은 임금을 더 이상 낮출 수 없기 때문에 일어나는 필연적인 실업이다. 이것이 모든 실업 문제들을 '설명'하기 위해 케인스가 가정한 것이다. (그리고 여기에는 이미 너에게 언급했던 것처럼 신고전학파 경제학자들과 근본적으로 다른 그의 견해가 있다.)

이 음울한 과거에서 벗어나는 해결책은 무엇일까? 정부가 나서서 재화와 용역들의 총체적 수요의 미비성을 보완하는 것이다. (즉 모든 재화들과 용역들에 대한 수요는 가정과 기업·공권력이 소비하거나 투자하도록 만든다.) 그것은 정부의 지출을 늘이고 예산을 적자로 만들 때, 혹은 이자율을 낮출 때, 다시 말해 보다 확대된 통화 정책을 시행하여 유휴자금을 경제 회로에 투입할 때 가능하다. 이러한 정책은 마구잡이로 자본을 이용하던(남용하던) 국가들, 특히 전쟁 후의 모든 국가들에서 이용되었다. 공공 지출이 50년대 이후 그렇게 많이 증가되었던 것은 우연이 아니다. 이 모든 책임을 케인스에게 돌릴 수는 없지만, 케인스의 사상이 영향을 준 것은 분명하다. 게다가 자신의 분석들을 활발히 보급하던 우리의 이 탐미주의자는, 자신이 다음과 같은 생각을 인정하게 되었다는 것을 작품 속에 입증하여 후손에게 남겼다. "관리들과 정치인들·선동가들에게조차도 그들이 현재 삶에 적용하고 있는 사상들은 가장 획기적인 것들이 되기 어렵다……. 머지않아 악에게나 선에게나 위험을 가져다 주는 것은 사상이지 제도화된 이익이 아니다."

그렇다면 이 영국 학자가 옳았다는 뜻인가? 바로 그것이 문제이다. 이를 알아보기 위해 나는 네가 망설이지 않고 다음장으로 달려들었으면 하고 바란다. 다음장에서 우리는 아빠 세대에서 일어났었던 뜨거운 논쟁들에 직접 뛰어들 것이다. 그리고 너희 세대가 그 논쟁들을 열심히 따라와 주리라는 것을 아빠는 조금도 의심치 않는다.

9
국가의 성장과 고용:
통화주의와 현대적 견해

뜨거운 논쟁들 속에서

그렇다면 케인스가 옳았을까? 짧은 질문이니 대답도 짧게 하라고? 절대 그럴 수 없다. 이론적인 양상들과 경제 정책이 지닌 여러 의미들 사이에 있는 많은 것들을 통합해야 하기 때문이다.

1929년의 위기는 현대에서 가장 가혹한 세계 경제의 모순이었다. 당시 재화와 용역의 수요를 자극하도록 요구한 것(그 유명한 활력)은, 우리의 쾌활한 교수에게는 타고난 '본능'이었다. 왜일까? 1929년에서 1933년까지 미국의 화폐 구매력이 극적으로 떨어졌기 때문이다. 이러한 상황에서 매상이 뚝 떨어지면서 생산이 중단되고, 실업이 폭발적으로 증가된다는 것은 당연한 일이다. 당시의 통계 장치가 매우 간단했다는 사실과, 오늘날의 경우처럼 경제에 관한 정보들을 그리 많이 접하지 못했다는 사실을 간과해서는 안 된다. 케인스(더군다나 그만이 유일한 사람은 아니었다)가 활력이라는 처방을 이끌어 낸 것은, 특히 이론적 분석에 근거하면서였다. (이제는 네가 가장 좋아하는 격언이 된 "이보다 더 유용한 것은 아무것도 없다……"가 가장 훌륭한 증거이다.)

이 영국인 학자의 입장은 열성 케인스학파와 신케인스학파로 나아갔다. 극성스런 팬클럽의 도에 지나친 열광 때문에 네가 좋아하는 록스타들은 얼굴이 창백해진다. 이론적인 설명이 약간 보완되었다 하더라도, 그 설명과 실제적인 의미는 전문인의 지배적인 견해와 결정권자들의 생각이 되었다. 이 열성 추종자들(아서 오쿤과 두 명의 노벨상 수상자들인 제임스 토빈과 폴 새뮤얼슨)의 힘은 1960년대 그 절정에 이르러, 존 메이너드 케인스를 열렬히 추종하는 다수의 사람들은 다양한 직함으로 당시 미국의 매우 강력한 대통령, 네가 그토록 좋아하는 J. F. K. 즉 존 피츠제럴드 케네디의 조언자가 되거나 영향력 있는 사람들이 되었다. 이때는 상당한 경제적 환상이 작용하던 무렵이었고, 모든 것이 가능해 보였으며, '그들이 가장 지적인 사람들이었고,' 또한 사람들은 경제에 관한 '최종 조정(fine tuning)'을 할 수 있다고 생각했다. 즉 정부는 그들의 선의에 따라 경제라는 기계를 '가속화'하거나 '제동을 걸' 수 있고, 그리하여 굳건한 성장에 대한 믿음, 완전 고용에 대한 믿음, 그리고 가격 안정 속에서 얻게 되는 매우 확실한 자산에 대한 믿음에 이를 수 있다고 생각했다. 아마 이런 나라야말로 세상에서 가장 좋은 나라일 것이다!

이 행복한 시기는 잠시뿐이었다. 시간이 흐르면서 케인스학

파의 계율과는 모순되게 인플레이션뿐만 아니라 실업도 증가
하였다. 케인스학파의 계율에 따르자면, 이 두 가지가 동시에
증가한다는 것은 불가능했다. 그리고 1970년대 초반 무렵, 인
플레이션이 두 자릿수에 이르고 실업률이 그 어느 때보다도
높았을 때, 경제학 분야는 새로운 경제 패러다임(모델)을 설정
하기 위한 준비를 갖추었다. 케인스의 위상은 '통화주의자들'
의 반복적인 공격으로 인해 흔들리기 시작했다. 그들 중에서
가장 유명한 인물이 밀턴 프리드먼이다.
　그 유명한 시카고대학교의 선구자이자 영웅인 프리드먼은,
기본적으로 이론적이고 경험적인 분석(1976년 노벨상을 수상할
정도였다)과 대중 가까이에 있는 '위대한 커뮤니케이터'로서
의 자질을 골고루 잘 갖추었다. 그렇다면 케인스학파에 대한
그의 근본적인 비난은 무엇이었을까?
　이론적인 면에서, 그는 개인들의 소비와 저축 행위에 대해서
와 마찬가지로 개인들이 화폐를 사용하는 행위에 대한 케인스
의 견해를 고발했다. 또한 그는 화폐의 역할을 심화시켰다. 현
금 거래의 경우를 제외하고, '여유' 돈을 가지고 있는 사람들이
현대에 거의 없다는 것을 그는 제시했다. 저축은 일반적으로
경제 회로 내부에 위치하고 투입되는데, 그 방식은 다양하다.
금융 시장의 개입에 의할 수도 있고, 특정 개인들과 기업들에
게 대출이라는 형태로 '공급자-저축하는 사람'의 돈을 재생시
키는, 현대 사회에서 중요한 역할을 하는 은행의 개입에 의할
수도 있다. 또한 저축가들이 직접 나서는 투자라는 방식을 통
할 수도 있다. 자동차나 냉장고·하이파이 컴포넌트 같은——
아빠가 알기로 네 오디오는 전에 네가 몹시 갖고 싶어하던 것

이었다——내구적 물건들로 불리는 것들에 말이다. 자녀들이나 자기 자신들의 교육과 훈련에 드는 비용을 지불하는 것일 수도 있다. 저축과 일반적인 돈, 그리고 경제 활동 사이의 관계들은 이처럼 케인스와 신케인스학파가 생각하는 것보다 훨씬 광범위하다. 경제 회로에 투입되지 않은 저축에서 오는 수요의 **지속적인** 적자 위험은 이처럼 미미한 것이다.

프리드먼은 또한 경제 기능에 대한 여러 예측들의 영향, 특히 인플레이션 예측의 영향을 강조했다. 전체적으로 케인스학파의 견해와는 대조적으로, 그는 경제적 요소들이 활성화 정책들에 대해 수동적으로 반응하지 않는다고 설명했다. 이 요소들은 가격과 수입에 대한 예측에 따라서 각 요소들의 움직임을 조정하고, 스스로의 과오들을 깨닫는다. (걱정하지 말아라. 다음 장에서 이 조정의 단계들을 상세히 검토할 테니.)

몇몇 사람들이 '오늘날의 애덤 스미스'라고 부르는 이 학자의 결론은 무엇일까? 신고전학파 경제학자들에 대한 케인스학파 경제학자들의 결론과 마찬가지로, 그의 결론 역시 혁명적이었다. 예산 적자 혹은 공공 지출의 증가를 통한 활성화 정책들은 발전과 고용에 대해서는 지극히 제한적인, 게다가 불리한 영향을 미칠 것이다. 사실 이자율을 높이면서(자신의 지출 비용을 대기 위해, 국가는 자본 시장에서 돈을 빌린다. 이는 자금의 수요와 그로 인한 이율을 높인다), 정부는 사적 투자를 '제거한다.' 이 사적 투자가 재화와 용역의 전체 수요에 대한 공공 지출의 영향을 거부하고, 그것을 보충하기 때문이다. 여기에서 신케인스학파 경제학자들의 기본적인 믿음 중의 하나가 **떨어져 나간다!** 정부와 중앙 은행이 경제에 활기를 주기 원한다면, 그리고 고용 부족을 막고자 한다면 화폐를 생산해서는 안 되기 때문이다. 오히려 경제 체제를 불안케 하고, 가격 폭등을 일으킬 뿐이라는 뜻이다. 1960년대 '가장 똑똑한 사람들'의 중대한 요구들 중의 하나가 **사라진다**! 인플레이션과 함께 임금이 상승하는 것, 이것이 고용의 확대를 가져오지 않고, 지속적으로 볼 때 오히려 그 반대이기 때문이다. 그렇기 때문에 실업을 상대로 한 투쟁은 우리가 생각하는 것보다 더 복잡하고, 국가적인 규제의 개선과 시장 기능의 개선을 거쳐야만 한다. (이것을 우리는 구조 개혁이라고 부른다.) 간단히 말해, 우아한 영국 발레리나 남편의 후계자들은 발레복을 입고 있었던 것이다! 조금만 더 참으렴, 곧 너에게 그들에 대한 마지막 혹평을 들려줄 테니.

그리고 이 논쟁은 잠시도 멈추지 않았다. 새로운 이들이 이 난투극에 가담했다. 비록 밀턴 프리드먼이(그리고 대중에게 많이 알려지지는 않았어도 칼 브루너와 앨런 멜처 같은 이들이) 단기적으로 예산과 화폐 정책들이 경제 성장과 고용에 영향을 줄 수 있다는 것을 인정했다 하더라도(밀턴은 "단기성에 관해서는 우리 모두 케인스학파에 속한다"라고 즐겨 말하여 자신의 노선을 흐렸다), 1970년대 중반경 비약적인 발전을 이루는 '합리적 기대들'을 내세우는 이 학파는 그 가능성 자체를 거부했다. 로버트 루카스(노벨 경제학상처럼 매우 폐쇄적인 분야에서, 젊은 그는 1995년 10월 60세도 채 못 되어 이 상을 수상했다. 이는 아주 드문 일이다! 그의 아주 저급한 잔인성에 대한 한 가지 사실을 말해 준다면, 그는 이 상을 자신의 전부인과 함께 공동 수상한다. 7년 전 이혼할 당시, 그녀는 약간 공동성이 있는 조항을 써넣었다. 즉 남편이 1995년 10월 31일 이전에 스웨덴 왕립 아카데미로부터 최고의 보상을 받는다면, 액수가 50만 달러일지라도 그 절반은 자기에게 돌려 주어야 한다는 조항이다. 알겠니? 그 **타이밍**이 완벽해서 뭐라 할 말이 없다. 이 합리적인 기대론을 아주 훌륭하게 적용한 것이다. 브라보, 리타!)와 토머스 사전트, 닐 월리스와 또 다른 사람 로버트 바로에게 있어서, 이런 유형의 정책들은 장기적인 경우에서처럼 단기적인 경우에서도 실패로 돌아가게 되어 있었다. 이러한 장애는 왜 일어나는가? 임금노동자들과 기업가들·투자가들·소비자들은, 환경의 변화에 적응하고 새로운 정책이 시행될 때마다 자신들의 태도를 습득하고 변화시키는 신경도 피도 없는 존재들이기 때문이다. 개인들이 자신들이 기대한 것에, 특히 가격에 대한 기대에 속아 넘어가거나, 더군다나 공권력이 이 기대들을 무너뜨리는 경우일 때에만 이 정책들은 경제 활동과 고용에 영향을 줄 수 있다. 이처럼 기대할 수 없는 정책들만이 실제적인 힘을 지니게 될 것이다. 이미 프리드먼이 이러한 것을 거의 다 말하였다. 그러나 합리적인 기대를 신봉하는 이들은 더 이상 진전을 이루지 못한다. 그들은 체계적으로 대중을 속일 수 없다는 것을, 대중은 재빨리 정보를 입수하고, 경제 조건에 대한 정보를 완벽하게 활용한다는 것을 고려하게 되었다. 그들이 이 새로운 정보에 맞게 행동하도록 하는 것, 그것은 거시경제 정책을 죽은 것으로 만든다. (예산과 세제, 혹은 화폐를 통해서.) 그리고 그 모든 정책은 그들의 분야를 동요시키는, 인상적이긴 하지만 고작해야 이론적인 장비에 불과했음이 여실히 드러났다. 또 연구소 저자들이 그들에게 설명해 주는 바를 깨달았을 때, 이 이론적 장비는 경제적 책임을 맡고 있는 사람들을 동요시켰다. 케인스라는 왕은 거의 벌거숭이가 되었다.

이른바 이 완전한 녹아웃 이후, 신케인스학파 경제학자들은 그들의 정신을 조금 회복했다. 이것은 '신케인스학파 경제학'이 1980년 이후 통화주의자들과 '신고전학파 경제학자들'을 상대로 공격을 개시하려는 노력으로 이루어졌는데, 이 '신고전학파 경제학자들'이 시장이라는 문장을 다시 조명하고 반면에 정부의 역할을 훨씬 축소시켰기 때문이다. 이 '신케인스학파'는 경쟁에서 생겨나는 문제들과 불확실한 정보들을 일으키는 시장이라는 제도의 역학 구조에 신뢰감을 갖지는 않으면서, 가격과 임금의 비탄력성에서 이론적인 기초를 발견하려고 한다. 이때 임금은 가격과 국가적 행위를 재정립하게 된다. 비록 그들이 신고전주의에게 중요한 합리적인 기대에 대한 가설은 인정하더라도 말이다. 경제 정책에 있어서 그들이 매번 근본적으로는 통화주의자들과 결합하고, '절제된' 신고전학파 경제학자들과도 결합한다는 사실을 알아야 한다. 왜냐하면 이것은 경제 성장과 고용을 지속적으로 자극한다고 자칭하는 예산과 화폐를 통한 수요 활성화 정책들을 비난하는 일에 관련되기 때문이다.

결국 '더 새로운 고전학파 경제학자'들이 되고자 했던 것은, 어쩌면 자신들의 최후의 무기를 가는 것이었다. 그들은 개인들의 행동을 더 잘 제한하기 위해, 그리하여 경제 정책들의 결과들을 더 잘 제한하기 위해 습득 과정들과 기대들의 영향을 훨씬 자세히 연구했다.

우리가 있는 지점이 그곳이다. 게임은 끝나지 않았다. 그것은 몇 년 전보다도 덜 쓰라리다. 암탉이 다시는 자기 새끼들을 못 볼 것이라고 너는 생각하게 될 것이다. 나에게 설명할 기회를 다오.

이론적인 관점에서 자손들이 늘 사건을 쉽게 해결하는 것은 아니라는 바를 네게 굳이 숨기지는 않겠다. (연구자들 사이의 갈등에 대해서 너에게 확실히 말해 주기 위해, 그리고 이론적인 논쟁들에 대한 약간의 전망을 갖기 위해 등산가 알베르트 아인슈타인의 말을 인용하마. "새로운 이론을 만든다는 것은, 그 자리에 마천루를 세우기 위해 낡은 헛간을 허무는 것과 같은 것이 아니다. 오히려 의심스런 풍경들을 발견할 수 있게 해주는 산으로 올라가는 것에 가깝다. 왜냐하면 이 산은 더 큰 전망을 갖고, 출발점과 풍요로운 환경 사이의 새로운 관계들을 드러내 주기 때문이다. 하지만 그렇다고 해서 출발점이 사라지는 것은 아니다. 비록 그 출발점이 아주 보잘것 없어 보이고 올라갈수록, 그리고 이에 수반되는 장애물들을 점점 더 통제할 수 있게 되면서 구축되는 훨씬 일반적인 시각에 비해 아주 사소한 요소일 뿐이라고 해도 그것은 늘 선명하게 보인다." 네 발을 산에 두는 것은 이렇게 중요한 것이란다!) 경제 정책이라는 큰 의미에 연관된 사람에게 있어서 이 임무는 그리 어려운 일이 아니다. 그것에 관한 아빠의 생각을 재빨리 살펴보자. 왜냐하면 다시 이 질문들로 돌아와야 하기 때문이다.

내 생각에 활성화 정책들이 '완강한' 신고전학파 경제학자들이 주장하는 것처럼 경제 활동과 고용에 **아무런** 영향을 끼치지 않는다는 것을 인정하기는 어려운 것 같다. 하지만 그 영향은 오로지 시간적인 차원에서만 이루어진다. 그리고 이 시간적인 길이는 경제적 정보가 발전되고 확산될수록 점점 더 짧아지고 있다. 그리하여 케인스학파의 정책들이 1950년대와 1960년대에 중요하고도 매우 지속적인 영향을 가질 수 있었다 해도, 그 충격은 오늘날에 와서는 미미한 것이고 짧은 기간에 해당되는 것이다. 시간이라는 용어를 더 정확하게 규명하기를 바란다고? 좋다, 조금 번거롭긴 하지만 여기에서 잠시 멈추지. 네가 정확하게 그 개념을 모른다니 말이다. 이것은 최초의 상황들, 방법의 유형들과 그 강도, 대상 국가와 그 구조에 달려 있는 것이다. 하지만 1년이라는 중요한 단위는, 경제 성장과 고용에 대한 실질적 영향이 있는 경우 합리적이고 경험적인 평가를 드러내는 것처럼 보인다. 반대로 인플레이션에 관한 영향은 2년까지의 더 긴 시간이 걸릴 수 있다.

바라건대, 이 수치들을 문자 그대로 생각지 말아라. 이 수치들은 중요성의 정도일 뿐이다. 그리고 시간상의 이 어긋남이, 단기와 중간기 사이에서(특히 선거가 가까워 올 때) 따라야 하는 정책들에 대한 모든 갈등들이 일어날 것이라는 점에 대해 너에게는 의구심이 들 것이다. 여기에서 통화주의자들은 하나의 근본적인 방법을 제기하는 것 같다. (가격들은 늘 단순화하고 왜곡한다. 하지만 결국에는…….) 중간기에서는 신뢰할 수 있는 목적들을 고정시키고 선포하고 지켜야 한다. 현금 보유고의 변화에 관계하기 때문이다. (연단위로, 혹은 더 흔하게는 몇 년 단위로, 예를 들면 3년에서 5년의 단위로.) 하지만 세제와 공공지출, 시장의 다른 개혁에 있어서도 마찬가지이다. 간단히 말해, 안정적이고 예측 가능한 중간기 정책을 위해서는 경기 활동과 고용에 지속적인 영향을 줄 수 없는 단기 정책들을 제한

해야 한다. 이러한 방향으로 한 걸음만 나아간다면 할 일이 많이 생길 것이다.

이제부터 너는 목까지 차오르는 물 속에 들어갈 것이다. 너에게 능숙히 헤엄치는 법을 가르치기 위해서 실업의 문제를 더욱 파헤쳐야만 할 것이다. 그것은 우리 사회의 암적인 존재이다. 그리고 나서 그다지 고통스럽지 않게 그것을 근절하기 위한 방법들을 도출해야 할 것이다.

10
실업과 경제 호황

두드러진 갈색 코

이 시점에서 아빠의 장황한 연설로 너로 하여금 고용이라는 심각한 상황을 포착하게 할 필요는 없을 듯하다. 또 네가 이 것에 관여되어 있다는 것을 스스로 느끼도록 할 필요도 없다. 우선 이야기되어야 하는 이들은 젊은이들과 여자들이기 때문이다.

적어도 고용이란 분야에서, 경제학은 자신의 죄를 고백해야 하고 쓰라린 실패를 인정해야 하지 않을까? 널 놀라게 만드는 것인지도 모르겠지만, 이 질문에 대한 아빠의 대답은 오히려 부정적이다. 이 문제에 관한 한 빈정대는 사람들이 부풀려 말하는 것보다 경제학자들이 할 말을 더 많이 가지고 있기 때문이다. 이 문제를 살펴보면, 우리는 친숙한 사상들을 발견하게 된다. 하지만 우리는 다른 각도에서 이 사상들을 검토하고 심화시키며, 또 평가하는 역학 구조들 속으로 더 깊숙이 들어설 것이다.

이제 너도 알겠지만, 케인스의 추종자들에게 있어서 폐단은 재화와 용역들의 전체적인 수요가 불충분하다는 것에서 비롯된다. 특정 시대(1929년의 위기, 혹은 이보다는 최근에 일어났지만 덜 치명적인 사건들이 진행되는 동안), 그리고 특정 기간 동안에는 수요의 폭발적인 증가가 효과가 있다는 것이 입증될 수 있었다는 사실을 인정할 수는 있다. 하지만 지속적으로는 (1960년대 이후가 이에 해당된다) 실업, 특히 구매력의 부족으로 인해 젊은이들의 실업이 고통스럽게 증가하고 있다는 것을 설명하기는 어렵다. 특히 이 실업이 가격의 폭등과 함께 전개될 때 그렇다. 비록 이 논쟁이 끝난 것은 아니지만, 대부분의 경제학자들은 수요를 자극하는 중요하고도 지속적인 방식으로 이 문제가 해소될 수 있다고는 더 이상 생각지 않는다. 이 문제는 전혀 다른 용어로 형식화되었다. 인플레이션을 유발함으로써 장기적으로 실업에 대항할 수 있다고 생각하는 사람은 드물다.

1958년 영국인 필립스의 통계 자료에 근거한 이러한 견해로 인해 수많은 저작들이 쏟아져 나왔다. 수 년 동안 경제학자들이 지새운 수많은 밤을 미화시킨 것은 그 유명한 '필립스 곡선'이다. (이때 폴 엘뤼아르와 더불어 사로잡은 것은 다른 형태가 아니었다. "네 두 눈의 곡선이 내 마음 안으로 들어와 빙빙 돈다/춤추는 듯 부드러운 곡선……") 이 놀라운 곡선은 인플레이션과 실업 사이에 반비례 관계가 있음을 시사했다. 다시 말해서, 비록 새로운 활력이 가격 폭등에 불을 붙인다 해도 이렇다 할 만한 것은 아무것도 없었다. 이 가격 폭등이 완전 고용의 정수이기 때문이다. 쨍그랑! 1960년대말경, 이러한 사실들이 주는 여파는 매우 심각했다. 인플레이션과 실업이 공모를 확대해 왔던 것이다. 어떤 일이 일어났는가? 지구가 곤두박질쳐 뒤집히기로 작정했단 말인가?

이 현상을 설명한 최초의 인물들은 우상파괴주의자인 밀턴 프리드먼과 그의 친구 에드먼드 펠프스였다. 이 두 경제학자들에게 있어서 필립스 곡선은 시각적인 환상에 불과했다. 만일 인플레이션과 실업 사이의 반비례 관계가 단기간에 나타난다 해도, 그 관계는 일정 시간 후에 더욱 활발해지고, 실업은 최초의 단계로 돌아가며 가격 폭등은 지속될 것이다. 어째서 이러한 가상 시나리오를 만들게 되었을까? 어느 시기 동안 새로운 활력에 의해 만들어진 인플레이션이 임금노동자들에 의해 감지되지 않기 때문이다. 임금노동자들은 가격 상승 때문에 감소된 자신들의 임금으로 구매력이 낮아졌다는 사실을 깨닫지 못한다. 간단히 말해서, 그들은 '화폐의 환상'이라는 마비 상태에 둔해진다. 그리하여 그들은 자기들이 실제보다도 더 많은 물건을 살 수 있다고 믿는다. (그러나 경제학자들은 그들의 실질 임금이 낮아졌다고 말한다.) 게다가 기업가들은 직원을 채용함에 있어서도 이득을 본다. 가격의 상승이 임금의 폭등을 무효화하기 때문이다. (노동의 실질 비용이 줄어드는 것이다.) 그렇기 때문에 고용은 늘어난다. 노동이라는 이 세상에서 가장 좋은 분야에 있어서 만사는 최상의 상태로 나아간다. 언제까지인가 하면…….

힘든 현실이 밝은 날을 맞이할 때까지 말이다. 가격의 상승은 더 이상 어느 누구도 유인하지 않고, 그로 인해 반드시 생겨나게 마련인 임금에 의한 대처 방식은 임금의 상승에 이른다. 경제의 최면 상태는 종말을 맞이한다. 노동 비용의 재상승은 기업으로 하여금 직원들을 해고하도록 만들게 된다. 출발점으로 되돌아가는 것이다. 일시적으로 줄었던 실업은 처음 단계로 되돌아온다.

이렇게 악화되는 상황에 대해 케인스학파의 정부관계자들은 어떻게 반응할까? 그들은 다시금 수요를 자극하게 될 것이고, 이렇게 함으로써 고용을 증가시키나 예측할 수 없는 인플레이션을 가속화할 것이다. 하지만 가격의 추가 상승에 대한 정보를 간과한다면, 임금은 뒤따라 상승하게 되고, 고용은 처음으로 되돌아가게 된다. 인플레이션은 한 단계씩 오르게 될 것이다.

그렇다면 여전히 케인스의 학설을 추종하는 정부관계자들은 어떻게 행동하게 될까? 기간에 따라 같은 결과를 가져오는 새로운 활력을 반복하면서…… 그후에도 계속 이를 지속할 것이다. 어떤 결과가 생기느냐고? 실업은 달라지지 않고, 인플레이션은 지속적으로 강세를 띤다. 필립스 씨와 그의 환상적 곡선은 **퇴출**된다. 다만 공권력이 인플레이션의 요인들을 지속적으로 점점 더 '속이기' 위해 인플레이션의 지속적 **강화** 정책을 받아들이는 경우는 예외이다. 하지만 한꺼번에 세상 사람들 모두를 속일 수 없는 진실의 시간은 결국 도래하게 되고…… 카드로 만든 성은 무너지게 된다. 마약처럼 이러한 활력은 순간의 쾌락을 가져다 주지만, 그 행복감이 사라질 때의 대가는 엄청나다!

합리적 기대를 지지하는 이들은 훨씬 단호하다. 그들에게 있어서 필립스 곡선은 단기간에서조차 망상적이다. 새로운 활성화 정책들은 예측할 수 없는 상황에 이르러서만 어떠한 효과를 거둘 수 있다. 이러한 목적을 달성하기 위한 방법이 있을까? 지도자들이 관리들의 기대를 속이고, 그렇게 함으로써 경제에 대한 실제적인 영향을 줄 수 있는 유일한 정책들, 즉 요행에 가까운 불안정한 정책들을 시행하는 것이다. 그렇지 않다면 시장은 정책들을 예측할 수 있을 것이고, 어느 누구도 공권력의 '활력을 불어넣으려는' 조작에 속아 넘어가지 않을 것이다. 그리하여 고양이와 쥐의 진짜 같은 연극은 정부와 시장 사이에 자리잡게 되어, 그들 각자는 상대방의 계획들을 망치려고 한다. 경제로서는 얼마나 불안정한 전망인가! 여기에서 지도자들을 향한 요구가 생겨난다. 즉 실패로 돌아가게 되어 있는 이 연극을 그만두라는 것이다. 실업에 맞서 싸우기 위해(혹은 경제 성장을 가속화하기 위해) 수요를 관리한다는 '의지적' 행동을 추구하는 것과 같은, 예측 가능하고 안정적인 정책을 따르는 것이 더 가치 있는 일이라는 것이다.

인플레이션-실업, 이 둘의 관계에 대한 이렇듯 '단호한' 입장이 지나치다 해도("근본 이유는 아주 멀리 도망쳤다." 몰리에르는 《인간혐오자》에서, 나의 행동을 요구하지 않는다!) 중재의 역할을 하는 화폐론적 해석은 타당성을 유지한다. 게다가 이 입장은 비록 이따금씩 서로 다른 뉘앙스를 가지고 있기는 하지만, 현재 '네오(néo-)'·'누보(nouveaux)' 혹은 '포스트(post)'-케인스학파들에 의해 받아들여지고 있다. 이들은 수요를 촉진하는 정책들이 오늘날보다도 예전에 훨씬 지속적인 영향을 끼친 이유를 설명한다. 즉 예전에는 가격의 상승이 더 늦게 기대되었다. 시간이 흐르면서 경제적 정보의 발전이 이루어져 가격 변동에 대해 사람들을 속이는 것이 더 어려워졌다. ("시간이 흘러가면서/모든 것도 가버렸다.") 그리하여 실업과 경제 성장에 대한 활력은 그 중요성과 지속성이, 그 힘이 감축되어 버렸다.

이 아빠가 정리해 주지. 인플레이션이 고용을 개선할 수 있음은, 이 인플레이션이 기대될 수 없을 때에만 그렇다. (경제학이라는 시에서 그 유명한 '화폐의 환상'이 존재할 때이다.) 수년 전부터 이것은 점점 드문 경우가 되었다. 반대로 인플레이션 비율의 예측 가능성이 **높아짐**은 실업의 확대와 경제 성장의 둔화를 일으킨다. 이러한 충격을 피하기 위해서는 중기에 걸친 안정적이고 예측 가능한 정책을 수행해야 한다.

그렇다면 이것은 실업을 억제하기 위해 이루어질 수 있는 것이 아무것도 없다는 뜻인가? 천만다행으로 그렇지는 않다. NAIRU(너의 아주 듣기 좋은 영어 발음으로 하면, 네루[Nez-Roux: 프랑스어에서는 갈색 코와 같은 발음이다]가 된다!) 위에서 행동해야만 한다. 영어로 바꾸면…… Non Accelerating Inflation Rate of Unemployment이고, 너의 이해를 돕자면 인플레이션을 확대시키지 않는 실업률을 뜻한다.

그렇기 때문에 이 네루(NAIRU)는 안정된 인플레이션과 결합된 실업률이다. 우리는 또한 이 실업률을 인플레이션 예측의 오류들이 제거되고, 그 결과 관리들이 행동을 수정함으로써 경제가 균형을 이루게 되는 실업률로 이해할 수 있다. 왜냐하면 이것은 '자연적 비율'로 규정되기 때문이다. 그리하여 활성화 정책들로부터 아무런 영향을 받지 않는 것은 수요의 변화와 상관 없는 장기적인 실업률이다.

실업률을 변하지 않는 것, 낮출 수 없는 것으로 생각해서는 안 된다는 뜻이다. 시대에 따라, 그리고 국가에 따라서 이것은 변천되고 달라진다. 1960년대 이후 거의 대부분의 국가에서 이 실업률이 증가되었다 해도, 미국이나 일본에서보다 유럽에서 특히 높았다. 이 정도의 차이와 국가간의 차이들을 어떻게 설명할 수 있을까? 이것은 일반적으로 경제 구조와 사회 구조 때문이다. 간단히 말해, 실업은 흔히 선거 연설 무대에 관해 말해지는 것처럼 '사회적 선택'의 산물과도 같다. 하지만 이 실업률의 성장을 막을 수 있는 운명은 없다. 프랑스인들이나 영국인들이 미국의 카우보이들이나 일본의 일개미들보다 훨씬 더 못하지 않는다면 말이다! 하지만 한 가지 조건은 있다. 확실한 것은 아니지만, 시장과 정부의 역할에 대한 우리의 생각을 바꿔야 한다는 것이다. 이것이 실업의 치유책에 연관되어 있기 때문이다. 너도 동의할 테지만, 이 문제에 대해서는 한 장 (章)이 더 필요하다.

11
구조적 실업

버터와 버터 살 돈? 또 버터가게 처녀에 대해서…

사람들이 진정으로 실업을 줄이고 싶다면, 오므렸던 팔로 이네루라는 괴물에게 일격을 가해야만 한다! 용기 있게, 끈질기게 말이다. 하지만 이 전략들을 감추고 상대방의 술수를 좌절시키기 위해서, 게임의 법칙을 잘 아는 것이 필수적이다. 그렇기 때문에 노동 시장의 역학 구조 중심으로 들어가야 한다. 이것이 상인 카페인 '야카(yaka)'로 뛰어들지 않고도 무슨 일이 일어나는지를 알기 위한 유일한 방법이다. 그러니 너는 '실증 경제학'의 정신을 유지해야 한다. 판단을 내리기 전에 이해하는 것이 더 가치 있는 일이라는 것을 기억하니? '규범'의 정당한 문을 여는 것은 이해라는 열쇠들이지, 그 반대가 아니다.

사람들을 직접 접하면서 너는 노동 시장이 일정 수의 특수성을 지닌 매우 특별한 시장임을 알게 될 것이다. 그렇다면 너는 제대로 이해한 것이다. 그렇다고 이것이 공급과 수요라는 훌륭하고 오래 된 법칙이 문제의 노동 시장의 역학 구조들을 더 잘 이해하기 위한 값진 방법이 아니라는 바를 뜻하는 것은 아니다. 특히 이 법칙은 시장을 혼란시킬 수 있는 장애물들의 영향 분석에 도움이 된다. 이 장애물들은 경제적·사회적 혹은 정신적 구조의 '자연스런' 산물일 수 있고, 그렇지 않다면 정부의 보다 직접적인 개입과 규제의 산물일 수도 있다. 이렇게 경제의 톱니바퀴들 속에 던져진 모래는, 일자리를 만들어 내는 기계를 조정하는 세세한 역학 구조들을 어느 정도는 방해하게 된다. 어떻게 그럴 수 있을까? 임금에 대한 경직성들을 가져오거나 일자리를 공급하는 이들, 혹은 일자리를 필요로 하는 이들의 행동에 대해 영향을 주는 몇몇 요인들을 변질시키면서 방해하기 때문이다.

이러한 경직성 중의 하나를 설명해 주마. 가장 자질이 떨어지는 임금노동자들을 고용할 때 노동 비용이 지나치게 높은 한 가지 이유는, 매우 중요한 이 임금에 대해 최저 임금이나 사회적 책임을 너무 엄격하게 규정하기 때문이다.

그러나 공황이 발생하지 않는 이유는 다음과 같다. 노동 비용을 책정하는 단계에서, 능력이 부족한 사람(경제 용어로는 생산성이 낮은 사람)들의 노동 비용은 기업에 매우 중요하게 작용한다. 기업은 아마도 서둘러 사람들을 고용할 것이다. 단 더 낮은 임금을 지불한다는 조건에서이다. 그러나 매번 그러기는 어렵다. 규제와 책임이라는 상태에 처한 이상 노동 비용이 낮아질 수 없기 때문이다. 그렇다면 어떤 결과가 일어날까? 훈련이 부족한 사람들, 혹은 효율성에 맞지 않는 사람들을 고용하지 못하게 된다. 그렇다면 보통 이런 입장에 처한 사람들은 어떤 이들인가? 젊은이들과 극히 일부분이기는 하지만 여자들이다. 지나치게 높은 노동 비용은, 그렇기 때문에 생산성이 저조한 분야에서 흔히 첫발을 내딛는 젊은이들을 고용할 경우에 특히 해가 될 것이다. 게다가 이러한 범주에 속하는 노동자들에게 원가의 낮은 임금을 지불하는 나라들(독일이나 미국)이 이따금씩 문제를 삼는 노동자의 실업률은 다른 나라들의 실업률보다 훨씬 낮다. (1990년대 중반경 프랑스에서 젊은이들의 실업은 거의 독일보다 4배, 그리고 미국보다 2배나 많았다는 사실을 생각해 보라!) 이것이 단순한 우연의 일치일까? 그렇게 생각할 수는 없다.

이러한 상황에 직접 대응하기 위해, 젊은이들의 일자리 창출에 활기를 불어넣기 위한 가장 직접적인 해결책은 최저 임금에 관련된 법규를 없애거나, 적어도 그것을 약화시키는 것이라고 아무도 생각지 않는다. (이것은 네덜란드의 경우처럼 몇몇 국가들이 시행한 것으로, 우리는 이것을 사회 보호라는 측면에서 역행하는 처사라고 쉽게 비난할 수가 없다——성인들보다는 훨씬 임금이 낮은 '젊은 스미크'(smic-jeune; 모든 직업에 공통적으로 증가하고 있는 최저 임금노동자)가 생겨나기 때문이다. 게다가 미국 같은 나라들은 너무나 낮은 최저 임금을 유지하기 때문에——프랑스의 거의 절반에 불과하다!——고용 반대 운동이 일어날 수가 없다.) 어떤 이들은 노동 시장을 가격이 하향 조정되어 일정 수준에 이르기 전의 일반 시장으로 생각하기를 주장하는 이 사상을 거부한다. 심각한 임금 격차를 일으켜 사회적 불평등은 더욱 심해질 것이고, 그로 인해 사회적 기반은 몸살을 앓게 되리라는 것이다.

이처럼 이 '라틴 유형'은 '앵글로 색슨 유형'에 상반된다. 한쪽——라틴 유형——은 상대적으로 임금의 격차가 작지만(그리고 사회적 보호 기능이 훨씬 우세하다) 그 대가로 실업률, 특히 젊은이들의 실업률이 높다. 다른 한쪽——앵글로 색슨 유형——은 임금의 격차가 보다 크고, 최저 임금노동자들이 빈곤을 겪지만, 실업률이 절제된다는 이득이 있다. 각각 어려움은 있다.

어쨌든 유럽의 경우, 그들의 일자리를 촉진하기 위해서 **자질이 부족한 사람들에 대한** 노동 비용을 낮춰야 한다고 요구하는 점에서는 대부분 일치를 보았다. 노동자들이 받는 최저 임금을 없애거나 줄이지 않고 고용을 촉진시키기 위한 방법은, 임금으로 쓰이는 (흔히 막대한) 분담금을 줄이는 것이다. 왜냐하면 이 분담금들을 기업들이(그리고 임금노동자들이) 갚아야 하기 때문이다. 또 다른 방법이 있다. 그것은 생산 활동 초기에 교육 시스템을 발전, 검토한다는 것이다——잘 알다시피 적응 훈련은 일자리의 **필요 불가결한** 조건을 이루기 때문이다. (아마도 이러한 지적으로 네가 멍하니 하늘을 보며 시간을 보내는 일이 줄어들 것이고, 네 소중한 학업에 좀더 몰두할 것이다 …….)——이로 인해 일정한 시간 동안 마치 독일의 경우에서처럼, 이 훈련을 시행할 기업들은 훨씬 낮은 노동 비용을 들일 것이다. 이렇게 훈련된 젊은이들은 곧바로 더 '나은,' 그리고 자신들의 새로운 자질에 부합되는 임금을 받을 것이다. 우리는 다른 해결책들도 상상해 볼 수 있다. 어떠한 방식을 선택할까 하는 것은 정부와 정치 체제에 달려 있다. 경제학자에게는 결정권이 없다. (무책임이 좋을 때가 있다고 생각지 않니? 가시 때문에 발이 성가시다면 이 가시를 빼버려야 한다.)

여기에서 자질이 부족한 사람들의 실업을 완벽하게 설명했다는 것에 역점을 두는 것은 아니다. '본래' 이 비용이 경제 활동 인구 주변에서 빈번하게 일어나는 고용 부족의 유일한 원인도 아니다. 예를 들면 실업이 매우 심각한 시기에 기업들은 가장 능력이 뛰어난 임금노동자들을 우선적으로 고용한다. 그리고 나서 젊은이들의 실업을 지속적으로 제한하고자 할 때, 비로소 교육 시스템과 높은 성과를 올릴 수 있는 훈련이 절실하게 필요하다는 것을 주장하게 된다.

실업을 유발할 수 있는 다른 경직성들이 훌륭한 경제학자들에 의해 분석되었다. 우선 적어도 몇몇 국가들에서 나타나는 임금을 비합리적으로 너무 높게 책정하여, 이로 인해 고용을 방해하는 조합 조직들의 권력이 있다. (솔직히 말해서 일자리가 필요하다고 느껴질 때, 독일 같은 나라에서는 오히려 조합의 힘이 임금을 조절하는 요소로 나타난다.) 그 다음으로는 **인사이더**들(일자리를 가지고 있는 노동자들)이 실업이란 상황에서 이익을 얻는 경우로, 이때 **아웃사이더**들은 이 상황을 고발하지 못한다. 전자는 높은 임금을 받기 위해 동원되지만, 이렇게 함으로써 그들은 후자의 고용을 막고, 후자는 그들보다 낮은 임금으로라도 일하려고 할 것이다. 결국 사용자들은 '집단의 모럴을 유지하기 위해,' 그리고 능력 있는 직원들이 조건이 더 나은 다른 회사에 들어가기 위해 자기 회사를 떠나는 것을 막기 위해 임금을 낮추지 않은 상태에서 고용하는 쪽을 선호할 것이다. 그리고 이 대가를 치르는 사람들은 일자리를 가지고 있는 임금노동자들의 보수보다 더 못한 보수로 일하려는 실업자들이다.

이 세 가지 경우, 임금은 모든 사람들의 고용을 보장하기 위해 매우 높은 상태에 있게 된다. 그리고 일자리가 필요한 사람들과 기업의 요구가 일치하지 않기 때문에 문제는 더욱 악화될 것이다.

이번에는 일자리를 원하는 이들의 행동을 직접적인 근거로 삼아 실업에 대한 보충 설명을 해보겠다. 즉 그것은 사회적 특권들이다. 실업자들이 받는 수당의 총액과 이 수당이 지급되는 기간에 따라서, 실업자들은 어느 정도 신속하게 일자리를 찾게 되는 자극을 받을 수 있다. 일자리를 찾는 기간이 길수록 실업은 더 늘어난다. 실업 수당의 지급이 일반화되지 않은 나라들(미국과 일본)이 일자리를 잃고 다음 일자리를 기다리는 기간이, 실업 수당의 지급이 매우 순조로운 나라들(예를 들면 프랑스가 속한 오래 된 유럽 같은)보다 훨씬 짧기도 하다는 것은 우연이 아니다. 실업 수당의 합계와 지급 기간은 사회적 보호라는 측면에서 확실히 중요한 '정책적 선택'이지만, 고용의 여건에 전혀 영향이 없는 것은 아니다. 그렇기 때문에 원인을 알고 있는 정부는 사회 보호를 해야 한다는 것과, 실업을 감소시켜야 한다는 것 사이에서 자의성을 발휘한다. 이때의 모럴은 이런 것이다. "우리에게는 버터도, 버터를 살 돈도 없다. 그리고 무엇보다도 버터가게의 처녀도 없다."

게다가 어떤 이들은 실업 수당이 직원들을 교체하는 기업들에게 직접 투입된다면 훨씬 효과적으로 이용될 것이라고 생각한다. 만일 이러한 '보조금'이 관련 분야의 노동 비용을 충분히 감소시킨다면, 그래서 **새로운 일자리들을** 만들어 내도록 기업가들을 돕는다면——직원들을 더 채용하지 않아도 되어서 다른 데 쓸 수도 있는 이 금전적인 횡재를 이용하는 경우가 아니라면——왜 아니겠는가. 소위 '집 근처에' 있는 일자리들(흔히 사소한 직종으로 구분되는 것들), 그리고 정부가 대부분의 보조금을 교부하는 일자리들로 말하자면, 만일 새로이 그 일을 시작한 사람들을 안정된 직업으로 이끌지 않는다면 이 일들은 임시 방편일 뿐이다. 그리고 그들에 대한 경제적 지원까지 해주기 때문에 예산 부족 상태는 계속된다…….

장기 실업자들(1년 이상을 말한다)은 또한 특수한 문제점들에 직면하게 된다. 그것은 일자리 없이 아주 긴 기간을 보낸 후의 구직 과정에서 맛보게 되는 좌절과 의욕 상실뿐만이 아니라, 그들을 고용하려는 사용자들의 망설임이기도 하다. 왜냐하면 고용주들은 그들의 자질과 그 자리에 필요한 적응력이 부족하다고 생각하기 때문이다. 그렇기 때문에 장기 실업자들의 **비율**이 높은 나라들의 실업률은 훨씬 심각하다. 또 이런 유형의 실업에 맞서 싸우기 위한 특수한 방식들이 정비되어야 하는 중요성도 생겨난다.

결국 최근의 분석들은 네루의 장기화를 설명하기 위해 노동 시장에 직접 개입되는 요인들과는 다른 요인들을 비난하는 경향이 있다. 가장 가능성이 높은 '용의자들' 중에는 공공 지출과 공공 차입, 강압적인 세금 징수가 있는데, 이는 경제 구조에 미치는 이 요인들의 여파 때문이다. 어느 특정 영역, 특히 용역 분야의 일자리 창출을 막기 때문에 경제학자들의 분노를 자극하는 재화와 용역 시장들에 대한 경직성과 '지나친 제도화'에 대해서는 아예 말하지 않겠다. (1980년에서 1990년 동안, 미국은 경제 활동 인구와 비례하여 서비스업의 일자리를 3배나 늘렸다. 반면에 프랑스는 산업화 시대의 미국보다도 2배 이상을 줄였다.)

이 단계에서 아빠는 현재의 오류에 관해 몇 마디 해야겠다. 그것은 기술의 진보가 실업을 가중시킨다고 비난하는 오류이다. 그것은 그렇지가 않다. 기계는 일자리를 없애지 않는다. 이러한 생각은 산업 혁명 이후 경제적 상황이 나빠질 때마다 주기적으로 고개를 들었던 낡고 특수한 두려움이다. 그것은 그릇된 생각이다. 기계가 일자리를 없애는 것은 아니다. 기계는 일자리를 이동시키고 재조직한다. 몇몇 영역들과 기업들이 일자리를 없애는 것은 사실이다. 하지만 다른 영역들과 기업들은 일자리를 만들어 낸다. 전반적으로 역사는 기술의 진보와 개혁이 일자리를 파괴하기보다는 오히려 더 많이 만들어 내고 있음을 입증했다. 물론 항상 신속하게 이루어지는 것은 아니다. 변화의 기간은 필요하다. 때때로 고통과 일시적인 실업을 초래하긴 해도 적응은 분명 이루어진다. (이때 정부가 이러한 변화를 용이케 하고, 힘든 고비를 쉽게 넘을 수 있도록 역할을 맡을 수 있다. 사회 보호 장치, 훈련⋯⋯.)

시장은 일자리를 파괴하기도 하고 창조하기도 하는 역동적인 과정이다. 그러나 다행스럽게도 지속적으로는 창조가 이 시장을 주도한다. 그리고 우리가 이미 본 것처럼 개혁은 이러한 성장의 중요한 열쇠이다. 자, 내 말을 이해할 수 있는 짧은 이야기를 들려 주마. 투르느솔이라는 천재적인 교수가 각자의 생산성(즉 주어진 노동 시간 동안의 생산성을 말한다)을 10배로 향상시킬 수 있는 알약을 개발했다고 상상해 보아라. 만일 이것이 기술의 진보와 같다면, 이 마술 같은 알약이 일자리를 없애고 실업을 초래하게 될까? 그 대답은 역사에서 발견된다. 금세기초부터 노동 생산성은 딱 10배가 향상되었다. 그렇다면 일자리수도 같은 비율로 감소되었을 것이다. 그러나 실제 일어난 현상은 그 반대이다. 그리고 임금과 삶의 수준은 더욱 나아지게 되었다. 중요한 것은 노동 시간이 단축되었다는 것이다……. 그리하여 여가 시간이 늘어났다는 것이다. 투르느솔 교수님, 장수하시길 빕니다!

　이 장을 요약해 보자. 실업 대책에 관해, 경제학자들은 근본이 되는 몇 가지 큰 축들에 대해서는 오히려 의견의 일치를 본다. 임금 유동성을 높이고, 자질이 떨어지는 사람들, 특히 그들이 젊은이들일 때 그 노동 비용을 낮춰야 한다. 노동 시간에 관해서는 유연성을 증가(파트 타임이나 선택 시간제)시킨다. 노동 시간을 줄이는 것은 어떠냐고? 틀린 것은 아니다. 그러나 노동 시간의 단축이 생산성을 저해하거나, 노동 비용 상승으로 이어지지 않는 조건에서이다. 그렇지 않다면 실업의 증가에 주의해야 한다! (그렇기 때문에 이것은 특수한 기업 사정에 따라 기업 차원에서 검토되어야 할 문제이지, 가장 '중요한 위치에' 둘 문제는 아니다. 왜냐하면 신만이 어떤 것이 법인지, 어떤 것이 정부의 시행령인지 알고 있기 때문이다. 어쨌든 어떤 사람들에게서 약간의 노동량을 빼앗아 다른 사람들이 조금 더 많은 노동량을 가질 수 있다고 생각하는 것처럼, 노동을 마치 고정된 양으로 생각하는 것은 타당치 못할 것이다. 이러한 입장은 비록 모든 고용 노동자들이 전혀 교체되지 않는다면, 즉 다시 말해 그들이 동등한 자질을 갖추고 있다면 결국에는 옹호할 만한 것이 될 터이지만, 분명 이 역시 부조리하다는 것이다. 노동의 양은 조각낼 수 있는 과자 같은 것이 아니다.) 비교적 빠른 기간 내에 일자리를 찾을 수 있도록 하기 위해 실업 수당을 개혁해야 한다. 직업 훈련과 능력 배양, 노동의 자질을 발전시키고 개선해야 한다. 장기 실업자들을 위한 특별 프로그램을 설치해야 한다. 그것이 노동 시장이든 상품 시장, 특히 용역 시장이 되었건간에 이 시장 입구에 놓인 여러 가지 방해물들을 낮추어야 한다.

자, 여기 처방책이 있다. 공정을 기하기 위해, 정부가 먼저 그 시행에 들어간다. 하지만 아주 유사한 방식이어야 한다. 그러나 유럽에서는 이 병이 매우 심각하기 때문에 아마도 외과의가 필요할지도 모른다. 어쨌든 '기술의 진보를 막거나,' 몇몇 사람들이 극찬하는 것처럼 '국가간 방어 체계를 갖추는' 유형의 요법을 시행하는 것은 해결책이 아니다. 좀더 장기적인 안목으로 본다면, 이러한 구시대로의 복귀는 오히려 실패를 반복하는 원천이 되리라는 것을 깨닫게 될 터이다. 결국 실업은 치명적으로 확산될 것이다.

극단적인 해결 방법이 남아 있다. 노동이 더 이상 오늘날처럼 중심 위치를 차지하지 않는 사회로 나아가는 것이다. 나는 이 방법이 너에게 매우 큰 기쁨을 주리라고 확신한다. 하지만 네가 의심하는 것처럼 이것도 그리 간단한 일은 아니다. (내가 너의 명석함에 비유한 이런 속담이 떠오른다. "아무 일도 하지 않는 것은 대단한 능력이다. 그러나 이 능력을 너무 남용해서는 안 된다.") 슬프구나! 아빠는 세상 사람들이 거의 일을 하지 않으면서도 잘 살게 될 이런 꿈 같은 사회가 내일 당장 이루어지는 것은 아닌지 의심스럽다…… 그러나 아무리 우리가 바란다 해도 세계 정세 때문에 우리의 이 과업이 수월하게 이루어지지는 않을 것이다. 이 정세는 우리가 말하는 상태보다 더 안 좋기 때문이다. 거대한 세상을 개방적으로 바라보는 너희 세대가 보통 이 세계의 구체적 바탕을 예민하게 느끼는 것처럼, 비록 혼란스럽기는 해도 우리는 우리 나라가 어떤 나라일지라도 서로 다른 나라들에 의존한다. 그렇기 때문에 이러한 상호 의존성을 더 잘 이해하고, 국가간의 복잡한 관계들을 명확하게 파악하는 것은 이익이 된다. 그때가 올 때까지, 잠시 숨을 돌리고 널 기다리고 있을 넓은 세계에 대해 꿈꾸어 보렴.

12
환율과 국제 통화 시스템
극도로 민감한 무역업자들

"국제 통화 시스템이 위기에 처하다." "프랑화에 대한 공격."
"달러화가 위험 수위까지 낮아지다." "달러화가 위험 수위까지
높아지다." "독일 마르크화가 새로운 정상을 향해 가다." "스페
인의 페세타화가 평가 절하되다." "환율이 미친 듯이 춤을 추
다." "유럽 통화 시스템하에서의 패리티(parity: 거래 당사국 통
화의 실질 구매력을 같게 하는 통화간의 환율) 조정."

이러한 제목들은 수십 년 전부터 신문에 자주 등장하였다.
그리고 앞으로도 오래도록 '어느' 신문에 주기적으로 나타날
것이다. 화폐의 이 그치지 않는 왈츠에서 어떻게 갈피를 잡느
냐고? 용기를 내거라, 애야, 이 아빠가 있잖니! 우선 시작해 보
자. 이 왈츠의 시초, 즉 한 화폐의 환율(혹은 패리티)에서부터
시작하자. 여기에서 우리는 무엇을 이해할 수 있을까? 아주 간
단하다. 한 화폐로 다른 화폐를 사기 위해 지불해야 할 것이

가격이다. 우리의 관심을 끄는 것은 1달러를 사기 위해 필요한 프랑이 얼마인지, 혹은 그 반대로 1프랑을 사려면 몇 달러가 필요한가이다. 외환 시장(외국환이 거래되는 시장을 말한다)에서 달러에 대한 프랑의 가격이 낮을 때(달러로 더 많은 프랑을 살 수 있다), 사람들은 프랑이 달러에 비해 가치 하락되었다고 말한다. 한편 똑같은 액수의 프랑을 얻기 위해 더 많은 달러가 지불되어야 할 때에는 그 반대로 평가된다. 이처럼 우리 나라의 화폐가 달러에 비해 가치 하락된다면, 달러는 프랑과의 관계로 평가되는 것이다. 그리고 이것은 상호적이다.

이러한 정의는 조심스럽게 이어져 온 것으로, 자유 거래가 이루어지는 시장(이를 사람들은 유연한, 혹은 유동적 거래 체제라고 말한다)에서 다른 화폐에 대한 한 화폐의 환율은 오래 되고 엄격한 법칙, 즉 공급과 수요라는 법칙에 의존한다. 환전은 한 화폐에 대한 다른 화폐의 가격이기 때문에, 한 외국환의 수요에 영향을 미치는 어떠한 요소라도 어쩔 수 없이 환율에 영향을 준다. 그렇다, 그러나 여기에서의 이 요소들은 무엇일까?

이 요소들은 세 종류로 나뉜다. 우선 국가간의 무역이 있다. 예를 들면 한 프랑스인이 미국산 제품(자동차, 컴퓨터, 청바지……)들을 구입하려면 달러로 지불해야만 한다. 그러나 최종 소비자가 지불하는 경우가 아니라면, 프랑을 팔아 달러를 사야 하는 수입자가 지불해야 한다. 그리고 또 다른 나라에 있는 공장들이나 설비들과 같은 물리적인 자본에 대한 거래가 있다. IBM이 프랑스에 있는 한 작은 컴퓨터 부품 공장을 사들이고자 한다면, IBM은 미국 달러로 프랑화를 사들여야만 할 것이다. 외국인의 직접 투자가 자국에서 실현되는 경우라면 매번 이렇다. 그리고 마지막으로는 금융 시장들과 은행들, 혹은 증권에 대한 예금이나 투자, 화폐들 사이의 매매가 일어나는데, 이로 인해 패리티가 영향을 받는다.

이제 아빠는 네가 거세게 공격해 오리라는 것을, 그리고 이 아빠에게 근본적인 질문들을 제기하리라는 것을 확신한다. "좋아요, 하지만…… 사야 할지 팔아야 할지, 공장에 투자를 해야 하는지, 아니면 외국이나 프랑스에 자금을 투자해야 하는지에 대한 결정에 영향을 끼치는 것은 뭐죠?" 물론 그것은 환율과 이자율에 대한 토론 때, 네게 말해 주었던 그 유명한 기본 여건들이다. (네 기억을 돕기 위해 다시 한 번 말해 주마. 기본적 경제 여건들이란 성장, 인플레이션, 공공 비용의 적자, 생산 비용, 통화 정책 등을 말한다.) 그러나 또한 단기적으로는 이 기본 여건들에 대한, 더 직접적으로는 통화의 변동에 대한 적중하건 그렇지 않건 몇 가지 예측들이 영향을 끼치기도 한다.

한 예로 상황은 그렇지 않음에도 우리 나라의 통화 정책이 비교적 느슨해진다면(혹은 시장들이 이러한 사태가 일어나리라고 판단한다면), 국제 증권거래자들은 이 나라의 경제 상황이 악화될 것이라고(예를 들면 인플레이션이 가속화되리라는 것을) 전망할 것이다. 그리고 돈을 잃게 될지도 모른다는 두려움을 막기 위해, 그들은 프랑스 주식이나 프랑스 금융 시장과 은행들에 예치해 두었던 자본의 일부분을 분산시키게 된다. 이것은 프랑화를 파는 사례를 잇따라 일으키고, 프랑화의 하락을 초래하게 된다. 이와 반대로 경제 성장이나 전망이 밝아진다면 우리의 수출은 활발하게 되고, 프랑스에 직접 투자하고 예금을 하는 일들이 활발히 일어나게 된다. 프랑화의 수요가 증가되어 가치 상승을 하게 된다. 만일 인플레이션 가능성이나 경제관리들이 내놓는 이에 대한 기대들이 완화될 때에도 마찬가지이다. 반대로 우리 나라의 이율이 낮아진다면, 즉 아주 적은 액수라도 우리 국경 안에 투자된 자본들에 대한 대가가 적어진다면 덩치 큰 확실한 동반자들, 혹은 국가간 자본의 거대한 지배인들이나 큰 기업들의 회계관리들, 혹은 이 모든 것들이 미국처럼 상대적으로 주식 거래가 훨씬 유리한 나라에 투자하기 위해 프랑스에 있는 그들의 돈을 서둘러 회수해 갈 것이다. 그리고 다음과 같은 결과가 초래된다. 프랑화의 가치가 낮아진다. 만일 불행하게도 우리에게 불리한 많은 요인들이 한꺼번에 드러난다면, (국가의 경제 정책을 시행함에 있어서 신뢰를 잃게 되어) '프랑화의 위기'가 터지게 된다. 프랑화는 '침몰한다.'

외환 시장의 이러한 움직임들은 엄청난 파급 효과를 일으킬 수 있기 때문에 그 총체적인 작용은 거의 공포스러울 정도이다. 오늘날 13조 달러의 돈이 매일 외환 시장에서 거래되고 있다는 것을 알고 있니? (그래, 매일 말이다.) 그리고 이 외환 분야에서 시장에 대한 예측들이 한두 가지의 불리한 징후들이나 정치가의 경솔한 발언에 따라 빛의 속도만큼이나 급격하게 변화될 수 있는 것처럼(만일 빛을 뛰어넘을 수 있다면, 이 예측들은 거기에 이를 것이다!), 우리의 '극도로 민감한 무역업자들'은 월 스트리트의 한 포교사가 그들을 평가한 것에서 볼 수 있듯이 경제 변화에 대한, 혹은 환율에 대한 그들의 견해를 순식간에 바꿀 수 있고, 그리하여 그 화폐 가치를 하락시킬 수 있다. 혹은 근본 요인도 없이 어떤 화폐의 가치가 '상승한다'고 생각될 때, 그들은 이를 사들여 그 화폐의 가치를 높인다. 그리하여 이 '투기꾼들' 은 자신들의 기대가 확실해지는 것을 목격하게 된다. 화폐에 대한 그들의 믿음은 더욱 강화된다. 그들은 더욱더 이것을 원한다. 그리하여 근본적인 경제의 어떠한 변화가 이 상승의 추세를 일으키지도 않았는데, 그 화폐의 가치가 높아지게 된다. (그것도 아주 줄기찬 리듬으로.) 흔히 이것이 '투기의 거품' 이라는 귀여운 이름으로 지칭되는 현상이다.

하지만 거품의 운명은 부서지는 것이 아닐까? 이러한 사실만으로도 우리의 투기꾼들은 불현듯 기본적인 경제 요소들이 문제의 화폐를 열심히 규명하지 않았다는 생각에 이르게 되고, 이 거품은 팡 터진다! 그들은 그 화폐를 사들였던 것과 같은 속도로 그것을 팔기 시작한다. 그리하여 화폐의 가치는 더욱 큰 폭으로 떨어지게 된다.

조심해라. 그리고 항상 이런 식이라고는 생각지 말아라. 다행히도 이러한 거품 현상은 일시적으로만 일어난다. 사실 투기꾼들은 보통 환율을 오히려 안정시키려는 경향을 지닌 듯하다. 그렇다고 환상에 빠지지는 말아라. 그들의 영혼이 고귀하거나 박애적이기 때문은 아니니까. 아니, 단순하게 말해서 그것은 그들의 이익 때문이다. (애덤 스미스와 우리가 자주 인용하는 푸줏간 주인, 맥주 양조업자, 빵집 주인을 기억하렴.) 만일 이익을 얻고자 한다면, 국제적 투기업자들은 어느 외국환의 가격이 낮을 때 그것을 매입하여(그리하여 이 화폐에 대한 수요를 증가시켜야 한다. 다시 말해 이 화폐의 가치를 높여야 한다), 그 화폐의 가치가 상승하였을 때 되팔아야(공급을 늘려 화폐의 가치를 떨어뜨려야 한다) 한다. 그들은 외환을 악화시키기보다는 여러 외국환 사이의 가격 변동을 이런 식으로 제한하는 것이다.

화폐의 움직임과 일어날지도 모르는 경제에 대한 불안정한 결과들에 대처할 수 있도록 유동적인 거래 체제와는 다른 체제들이 존재한다. 그것은 고정된 거래 체제로서 환율은 공권력에 의해 강압적으로 고정되어 있고, 그렇기 때문에 (이론적으로는) 변화될 수 없다. 또 고정되었지만 조정이 가능한 체제도 있다. 이 체제에 따르면, 환율은 고정되었지만 주기적으로 조정될 수 있다. 한편 화폐들은 서로서로 변동될 수 있지만, 단 정부에 의해 미리 결정된 변동의 한도 내에서만 가능한 혼합 체제(유럽 통화 시스템과 함께 시행하고자 했던 것이다)가 있다.

이는 환율이 성령(聖靈)의 작용에 의해, 혹은 공권력의 결정으로 인해 고정되는 것이 아니라는 뜻이다. '중앙' 은행들이 외환 시장에 개입할 경우에만 환율은 고정될 수 있다.

쉽게 설명하자면 이렇다. 예를 들어 프랑화에 대한 수요가 줄어들 때, 일반 시장에서는 프랑화가 평가 절하된다. 고정 환율 시스템이 이러한 평가 절하를 막기 때문에, 프랑스 은행은 시장에서 프랑을 구입하여 공식적인 수준에서 그 수요를 지원하고 유지하게 된다. 그렇다면 이 은행은 무엇으로 프랑화를 사들일까? 달러화로 된 특별 준비금으로 가능하다. 만일 이 준비금이 부족하다면, 은행이 처음 결정된 가치로 프랑화를 유지할 수 있는 방법은 더 이상 없다. 그리하여 고정 환율은 유지될 수 없게 되는 것이다.

이 단계에서 앞서 화폐에 대한 장에서 설명해 주겠노라 약속하였듯이(약속은 고귀한 것이라는 바를 네가 알고 있으니), 화폐 창출에 관한 이러한 개입의 여파에 대해 한 마디 해야겠다. 화폐를 관리하는 우리의 중앙 은행가가 프랑화를 구입할 때, 그는 중앙 은행의 유동 자본을 갉아먹는 것인데(그는 은행에서 달러로 프랑을 산다), 이때 은행은 필요할 때 쓰려고 준비해둔 국가간 화폐의 자본금이 그만큼 모자라게 된다. 이로써 화폐의 창출은 늦춰지게 된다. 반대로 무타티스 무탄디스(결국 라틴어를 다시 쓰게 되는구나!)이다.

본론으로 돌아가자. 제2차 세계대전 이후, 국제 단체가 브레턴우즈(이곳은 뉴 햄프셔의 한 마을로 그 창립 회의가 열린 곳이다. 여기에 우리의 열렬한 반정통주의 영국인이 가담했다. 시민 케인스를 잊지는 않았겠지?) 체제에 의해 고정 환율 시스템을 채용했다. 그는 훌륭한 죽음을 맞았고, 1973년 꽃도 화환도 없이 묻혔다. (케인스가 없었다면, 브레턴우즈라는 체제도 없었을 것이다.) 어떤 이유 때문이었을까? 미국의 확장적 통화 정책이 다른 나라들의 중앙 은행에 있는 달러 준비금을 모조리 삼켜버렸기 때문이다. 이 은행들은 그리하여 미국 화폐에 대한 매우 강한 압박감을 느끼면서 점점 더 이러한 상태로부터 벗어나기를 원했다. 게다가 미국이 이 은행들을 그토록 구속하는 시스템에도 만족하지 않았다면, 넌 이 시스템이 어떻게 되기를 바랐겠니? 그것이 소멸되는 것이겠지. 결국 일어나야 할 일이 일어났다. 미리 결정된 비율로 달러를 교환하는 일은 끝나버린 것이다. 고정 환율이 **퇴장**하였다. 뉴스 화제에서 오래 전에 망각된…… 이 이야기가 시사하는 바는 무엇일까? 고정 환율이라는 메커니즘은 오직 관련 국가들이 서로 협력적으로 행동하고 일관적인 정책을 시행할 때에만, 다시 말해 그들의 기본적인 요소들이 경제라는 협주곡을 발전시킬 때에만 가동될 수 있다는 것이다. 그렇지 않으면 가장 '효용 가치가' 없는 국가의 화폐들에 대한 일반적인 공격이 중앙 은행들의 준비금을 결국에는 다 바닥내어, 그 중앙 은행들은 미리 정해진 환율을 더 이상 지킬 수 없게 된다. 이때 사람들은 '가치 하락'(정부는 가장 약세인 화폐의 공식적 유통을 줄여야 한다)의 흐름과 '재평가'(강세인 화폐의 공식적 유통을 늘인다)를 목격한다.

오늘날 아무런 제동도 없이 엄청난 액수들이 파리에서 런던에 이르기까지, 뉴욕·프랑크푸르트·싱가포르나 중남미의 섬들에서 한눈에 보기에도 들쭉날쭉하고 있기 때문에(반복하지만 매일 13조 달러가 거래된다) 고정 환율은 오직 국가들이 거의 대부분 경제 정책들에 협력하고, 그리하여 그들의 근본적인 요소들에 협력할 경우에만 존재할 수 있다. 세계적인 차원에서 볼 때, 흔히 사람들이 템스 강변에 대해 말하는 것처럼 이것은 그 당장에는 **낙관적인 해석**을 드러낸다. 무엇보다도 1979년 유럽인들이 유럽 통화 시스템(SME)으로 나아가려 했던 것은 이러한 방향이다. 이 시스템에서 화폐는 서로 다른 화폐들 사이에서 변동될 수 있지만, 정부에 의해 미리 결정된 몇 가지 한계를 넘어설 수는 없다. 유럽이라는 구조가 함축하고 있는 경제 정책들의 수렴으로 이러한 모험은 유지될 수 있고, 이것은 '위기들'과 환율의 다른 '조정들'을 재촉하지 않았다(재앙에 이를 정도로는)……. 다만 국가들은 수렴의 필요성을 망각하고, 자신들의 입장을 번복하는 경향이 있었다. 궁극적인 (1999년에 만일 모든 일이 기대대로 일어난다면) 목적은 바꿀 수 없도록 고정된 환율을 유지하여, 2002년 유럽 통합을 위한 단일 화폐를 발행하는 것이다. 네가 장담하는 것처럼 가장 분명한 방법은 환율의 변동을 없애는 것인데…… 그렇게 하면 이 시스템에 속한 화폐들 사이에서는 환율이 더 이상 존재하지 않을 것이기 때문이다.

네가 예측했어야 하는 것처럼, 이러한 기대는 유럽의 중앙 은행을 설립하기를 요구한다. 그리고 그 기능은 프랑·마르크·리라 같은, 어쩌면 리브라까지도 대체하게 될 새로운 화폐('유러'라는 세례명의)를 '원활하게 관리하는' 것이 될 터이다. 대단한 야심이 아닐까? 네가 몽상에 잠겨 단일 화폐 시대라는 먼 미래를 보고 싶다면, 늙은 천재 작가 롱사르를 본떠 이렇게 말할 수 있을 것이다. "나는 땅 속에, 형체 없는 유령으로 있을 것이다/도금양 그늘에서 나는 쉴 것이다." 네 생각에, 이 아빠 역시 유토피아적인 처방을 가지고 있는지도 모른다…….

자, 이제부터 너는 항상 쉽지만은 않은 이러한 질문들에 대해서 잘 무장할 수 있을 것이다. 아마도 그럴 용기가 있다면, 이러한 모든 현상들은 네가 살아가는 동안 항상 너와 함께 갈 것이 분명하기 때문에, 이러한 현상들이 충분히 몸에 배일 수 있도록 침착하게 이 장을 다시 한 번 읽어보는 것이 현명할 터이다. 그러면 너는 보다 깊이 이러한 현상들을 소화하게 된다. 그리고 단지 화폐뿐 아니라 모든 재화와 용역의 국가간 교환의 비결과 결과들을 이해하게 될 것이다. 다음장으로 어서 빨리 넘어가 이 문제를 다루어 보자.

13
국제 무역: 왜 하는가?

교수와 비서

왜 국제 무역을 해야 하는가? 무엇보다도 우리에게는 좋은 자전거들과 성능 좋은 컴퓨터를 생산해 낼 완벽한 능력이 있다. 그런데 중국산 물품들과 미국산의 다른 물품들을 왜 수입하는가? 일자리와 생활 수준이라는 측면에서, 국내 생산자들이 이 외국 생산자들을 대신하도록 우리가 이 외국 제품들의 수입을 완전히 막을 수는 없는 것일까? 그리고 외국 제품들이 우리 영토로 들어오는 것을 막지 않는다면, '임금이 낮은' 국가들이 우리를 굴복시키는 '과당 경쟁'이 일어나지는 않을까?

이러한 의문들을 이해하려면 국제 무역의 발생 원인들로 거슬러 올라가야만 한다. 그렇다면 국제 무역은 왜 일어나는가?

첫째 이유는 다음과 같은 것으로, 너도 이 아빠의 생각에는 반대하지 않을 것이다. 너는 바나나를 좋아하고, 좋은 커피를 마시며, 또한 아빠의 고물 자동차를 잘 나가게 하는 휘발유를 좋아한다. 그런데 불행히도 이국의 싱싱한 과일들이나 좋은 커피나무들이 자라기에 파리는 지나치다 싶게 춥고, 신은 우리에게 충분한 석유층을 선사하지 않았다. 유감스럽게도 이러한 조건에서 우리는 큰일을 할 수가 없다. 그래서 우리의 필요와 욕구를 만족시키기 위해 다른 국가들의 요구를 받아들이게 된다. 마치 다른 국가들이 기후와 지형, 혹은 다른 이유들로 자기들에게 없는 생산물들을 얻기 위해 우리를 필요로 하듯이 말이다. 넌 "당연하죠"라고 할 것이다. 그렇다. 하지만 그것이 국제무역에 대한 유일한 설명이라고는 생각지 말아라. 더 많은 이유들이 필요하다. 근본적인 설명은 결국은 이론적으로 가능하다. 하지만 그 실제적인 범위는 어마어마하다. (그래! 네 신경 속에 각인된 그 훌륭하고 오래 된 원리인 "하나의 훌륭한 이론보다 더 실제적인 것은 아무것도 없다……"를 다시 만나는구나.) 그것은 '비교 우위설'이라는 이론, 혹은 법칙이다. 이 이론은 원래 애덤 스미스 이후에 나타났던 많은 위대한 경제학자들 가운데 한 사람인 데이비드 리카도의 사고에 기원을 둔다. (그는 애덤 스미스보다도 훨씬 뛰어난 인물이다. 상당한 지위의 은행가이자 금융전문가였던 만큼 그는 매우 실증적인 인물이었다 ——그는 나폴레옹 덕택에, 우리의 존경스런 황제가 워털루에서 맞이했던 역사적인 참패가 있기 바로 전 영국 정부의 채권을 사들여, 엄청난 이윤을 얻으면서 그 채권들을 되팔아 재산을 모았다. 데이비드는 대단한 투기꾼이었다! ——이 일로 그는 아마도 순수 경제 이론의 최초 작품이 되었을 《정치경제학 및 과세의 원리》(1817)라는 책을 쓰게 되었다. 그는 영국 의회에 참여하여, 그곳에서 자신의 개인적인 이익에 역행하는 요소의 원인들을 옹호하여 주목을 받는다. 네가 알다시피 경제학자들은 아주 나쁜 사람들이 아니란다……) 이 비교 우위설이라는 이론은 그 이후 다듬어지고 풍성해졌지만, 근본적인 사상은 동일하다.

널 깨우칠 수 있는 기회를 다오. 아빠는 매우 폭넓은 식견을 가진 한 교수를 알고 있는데, 그분은 자기 비서보다 훨씬 빨리, 그러면서도 보다 정확하게 타이프를 칠 줄 안다. 그렇다고 비서를 내보내고 혼자서 자신의 일과 서신 업무 모두를 처리해야 한다고 말할 수 있을까? 물론 그렇지는 않다. 그는 자신의 시간을 훨씬 풍부히 사용하고(오! 꿈 같은 일이다), 자신의 힘을 사고하고 연구하는 데 바치며, 적은 임금으로 타이핑하는 일을 맡고 있는 비서가 자신에게 지니는 존경을 그대로 남겨둘 때 더 큰 이익을 얻는다. 왜 그럴까? 타이피스트의 업무가 가장 성능이 뛰어난 컴퓨터로 이루어질 때, 이 업무는 교수에게 '기회 비용'을 제공한다. 뛰어나고 중요한 모든 논문들과 책들을 컴퓨터가 없었던 시대적인 이유 때문에 이 교수는 자신의 원고를 일단 펜으로만 휘갈길 수 있었고, 타자기로 칠 수 없었던 것이다. (너는 교수들과 그들의 사소한 편집증을 알고 있다……) 그의 비서가 돕는 이 일을 교수 자신이 가장 잘한다고 해도(그는 이 일에 대해서 '절대적인 이점'을 지닌다), 그에게는 교수라는 특수한 활동(가르치고 연구하는 등의)을 전공하는 것이 더 큰 이익이 된다. 그는 교수 활동에서 비서가 돕는 일에 비해 **훨씬 중요한** 절대적인 이점을 지닌다. (적어도 우리는 그렇게 되기를 바란다.)

이러한 원칙이 국가들간의 교환에 적용되고, 국제 무역의 뿌리를 정당화한다. 두 국가 중의 어느 한 국가가 모든 재화와 용역의 생산에 있어서 다른 국가보다 월등하다면(그것이 노동력이 되었건 자본이 되었건 그 나라는 자원을 덜 사용한다), 이 두 국가는 각기 다른 분야를 특화하여 서로 교환해야 한다. 이처럼 한 국가는 어떤 제품을 수입하는 것이 이롭다. 비록 그 제품이 다른 국가에 의한 것보다 훨씬 효율적으로 자국 내에서 생산되어질 수 있다 해도 말이다. 그리고 이것은 제조 과정을 전문화시켜 더욱 효율적으로 만들기 위함이다. (게다가 이 규칙은 국가간이건 지역간이건 같은 영토에 있는 사람들 사이에서건 모든 교환의 시초이다. 교환과 분업의 원천은 늘 같다. 즉 생산자들이 상품 생산에서 상대방의 생산과 관계를 맺음으로써 누리게 되는 것은, 한 상품에 대해서 상대방과 관계를 맺고 있는 거래자들의 **상대적 선호** 혹은 **상대적 이점**이다.) 이것이 우리가 중국제 자전거나 미국제 컴퓨터를 수입할 때, 우리의 국가적인 행복이 어떤 식으로든 망신당하지 않는 이유이다! 그리고 '우리가 완벽한 능력을 갖추고 있어,' 즉 이런 제품들을 우리 나라에서 생산하기 때문에 수입하지 않을 때 우리가 누리게 될 생활 수준보다 현재의 수준이 훨씬 향상된 이유이기도 하다. 이러한 관점에서 프랑스제는 **중국제**나 **미국제**보다 떨어진다.

　그렇지만 만일 이러저러한 영역에서 다른 국가들보다 월등하거나 훨씬 뒤처져 있음을 어떻게 평가하는가? 자, 가장 경제적으로 판단을 내려 보자. 즉 그것은 시장, 다시 말해 우리가 생산해 내는 데 드는 비용과 물건을 판매할 수 있는 가격이다. 각국은 제조 비용과 가격(설정된 품질에 맞는)면에서 상대적으로 이익이 되는 상품들을 더 많이 수출하고, 수입은 그 반대의 경우이다. 금세기에 중국은 자전거와 장난감을 더 많이 수출하고, 한국은 텔레비전을, 브라질은 철강을 수출한다. 반대로 프랑스는 석탄을, 영국은 직물을, 그리고 독일은 카메라에서 손을 떼었다.

게다가 상대적인 이점들과 그로 인해 전개되는 전문화는 고정된 것이 아니고, 시간이 흐르면서 변화한다. 그것들이 천연 자원들, 기후나 특수한 지형적 자원에 근거하는 때를 제외하고 말이다. (여기에서 좀더 덧붙여야겠다. 비록 아직 이루어진 것은 아니지만, 언젠가 그린란드에서 바나나를 재배하는 것이 충분히 가능해질 수 있게 되는 생물발생설의 가능성을 굳이 언급하지 않더라도 핵 에너지는 석유에 대체될 수 있다!) 인간의 기술 변화와 개혁, 연구, 훈련과 교육, 발전과 임금의 수준, 혹은 전혀 다른 이유가 한 국가가 주어진 전문 분야에서 고도로 정교해지는 데 필요한 자연적이거나 역사적인 특수한 운명을 사라지게 한다. 이러한 변화의 예들은 아주 많다. 상대적인 이점은 역동적인 과정 속에 새겨진다. 물론 통치자들에 의해 실행되는 경제적·정치적 선택들이 매우 중요하다는 것은 분명한 사실이다.

앞으로 너는 국제 무역의 정당성과 이점들의 근본을 알게 될 것이다. 이제 너의 경제학 선생인 이 아빠의 고통을 이해해주기를 바란다. 네가 국가간의 자유 무역의 이점을 납득한(이것이 아빠의 환상이라면 계속 이 환상 속에 머물게 해 다오) 후에는, 이 질문(이크! 벌써 말하고 있다고?)에 대한 다음장과 마지막장에서 왜 자유 무역의 방해물들이 그토록 강한지를 반드시 설명하겠다. 또 이 자유에 대한 침해가 그만큼 널리 퍼져 있는 이유도 말이다.

14
국제 무역과 보호 무역주의
태양을 향한 외침!

그렇다면 국가들은 왜 그토록 빈번히 자신들의 시장을 방어하려는 경향을 띠는가? 어떤 식으로든 지나친 예외 없이 모든 국가들은 비교 우위설에 따른 이론적이고 값진 법칙을 가지고 있기 때문이다. (한편 여러 영역들 가운데 경제학자들 사이에서 가장 많은 동의가 일어나는 경우가 바로 이 영역이다.) 우리의 정책 흐름을 너무 모르는 걸까? 그 조언자들이 무능력한 것일까? 사실 이 보호 무역주의 경향의 근본 이유들은 다른 데에 있다.

국제 무역에 대한 규제들은 자주 다른 국가와의 경쟁으로부터 자국의 특수 분야들을 보호하려는 목적을 지닌다. 신발과 직물·전자 조립품 영역에서 우리 나라보다도 10배, 혹은 15배나 임금이 낮은 국가들과 똑같은 무기를 가지고 어떻게 싸울 수 있을까? 분명 부당한 경쟁이 아닐까? 그러므로 우리의 일자리와 생활 수준을 위해(혹은 관련 산업들이 '특성을 잃는' 사태를 막기 위해, 즉 우리의 일자리를 희생하여 임금이 낮은 국가들에서 생산되는 것을 막기 위해) 이 산업들을 보호해야 할 것이다. 이는 한치의 의심도 없이 너에게는 당연하고도 선의적인 반응으로 보일 것이다. 그럼에도 실업자를 만들어 내는 이러한 경쟁으로 인해 곧바로 충격을 받는 이들의 고통은 어떻게 느껴지지 않을 수 있는가?

이 질문들에 대해서는 경제학자의 (잔인한) 대답을 피할 수가 없구나. 그는 상자 하나를 가지고 있는데, 여기에는 너의 지적 장비, 즉 비교 우위설을 유지시키는 일차적 범주의 이론적 도구들이 들어 있다. 임금이 낮은 지역의 신발이나 내의·텔레비전을 구입할 때, 우리는 수출국들이 벌어들이는 만큼의 이익을 얻는다. 이로써 프랑스의 동일 업종의 생산과 일자리가 감소될 것이고, 더 나아가 사라질 것이라는 바는 명백한 사실이다. 그러나 생산과 일자리는 다른 분야들, 비교 우위가 확실한 분야들로 이동할 것이다. (그리고 다행스럽게도 그렇다!) **일단 조정이 이루어지면**, 경쟁력이 거의 없는 기업에서 일자리를 잃었던 노동자들은 성장하는 기업들로 재취업하게 되는데, 보통은 더 높은 임금을 받게 된다. 그리고 소비자의 입장에서 보자면 횡재를 하는 셈이다. 소비자는 이전보다 더 싼 가격에 신발과 내의(옷까지!)와 자국 제품과는 다른 텔레비전을 구입할 수 있다. 그리고 특화하는 편이 이로운 영역들의 생산에 더 많은 인력을 투입하게 된다. 말하자면 국제 무역으로 생기는 상당한 경제적 이익이 하향길에 있는 산업을 포기할 때의 손실보다 훨씬 크다.

이러한 사실을 구체적으로 보여 주는 예를 하나 들려 주마. 만일 네가 4백50프랑 하는 국산 신발을 사지 않고 2백 프랑의 수입품을 산다면, 이는 국산 신발의 생산을 떨어뜨리고 직원을 해고하여 어쩌면 파산 지경에 이르게 할지도 모른다. (기업이 개혁하는 경우를 제외하고 말이다. 그래도 몇몇 기업들은 이 개혁을 이룰 수 있다.) 하지만 겉모습(일자리가 없어진다는)만 보고, 감춰졌지만 충분히 실현 가능한 결과들을 더 이상 못 보는 오류를 범하지 않도록 조심해라. 네가 '반애국적' 행위로 절약한 2백50프랑으로 좋은 책을 사거나, 네가 꿈에도 그리던 레스토랑에 갈 수 있을 것이다. 이것은 분명 출판사와 레스토랑의 생산 과정과 일자리에 도움을 줄 것이다. 네가 보지 못하는 또 하나는, 외국의 신발 제조업체가 받은 2백 프랑은 어떤 식으로든 세계 경제의 다양하고도 많은 분배 경로를 거친 후에, 다른 재화들이나 용역들을 구입하는 형태로 프랑스 경제에 재유입될 것이다. 이 이야기의 교훈은 생활에서와 마찬가지로 경제에서도 '보이는 것'을 지나치게 믿어서는 안 된다는 것이다. 또 '보이지 않는 것'이 종종 더 중요하기도 하다. 겉으로는 역행으로 보이지만, 좀더 가까이 가서 볼 때 이것들은 조화의 요소들로 드러날 수 있다.

그러므로 모든 일은 잘될 것이다! 자유 무역 만세!

이 모든 것은 사실이다. 그러나 여기에 하나의 난관이 있다. 조정에 의한 적응이 쉽게 이루어지지 않는다는 것이다. 이러한 적응은 경제 호황을 일으킬 수도 있지만, 고통스럽게 진행될 수도 있다. 재전환은 기업이든 자격증을 소지한 개인이든 노력과 훈련, 일자리에 대한 지속적이고 장기적인 연구를 요한다.

특히 노동 시장의 경직성 때문에 이러한 조정이 늦춰질 때 더욱 그러하다. (기억을 되살리고 싶다면 실업에 관한 두 장을 다시 한 번 읽어보아라.) 그러므로 세상 사람들이 국제 무역과 전문화에서 승리하는 것은 **지속적**일 때에만 가능하다. 단기간에는 어떻게든 비용들이 지원될 것이다. 이것은 긴 기간을 망각하고, "먼 미래에 우리 모두는 죽을 것이다"라고 확신했던 케인스의 이론을 따라야 한다는 바를 뜻하는 것이 아니다. 만일 그의 예측이 옳다면(게다가 그는 이것을 다른 것에 응용하였다), 조정 비용들을 처리하기 위해 경계선을 긋는 것은 욕조의 물을 아기에게 들이붓는 일을 발생시킬 것이다. 그리고 보호 무역주의의 높은 장벽이 생활 수준을 매우 낮추고, 거대한 실업 발생에 많은 기여를 했던 1930년대의 공포 속으로 다시 떨어지는 일이 일어날 것이다.

아니다, 이것은 해결책이 아니다. 해결책은 노동 시장 규제의 역학 구조 쪽에, 이를테면 최상의 작용과 노동 시장의 더 많은 유연성(국제 경쟁으로 가장 큰 타격을 입는 사람들은 자질이 부족하고 임금도 가장 낮은 사람들이기 때문이다. 그러므로 11장에서 설명했던 것처럼 반드시 재전환에 필수적인 방법들을 향해 나아가야 한다), 노동자의 자질을 높여 주는 훈련 시스템들, 일자리에 대한 연구와 외국과의 경쟁으로 인해 타격을 받은 노동자들의 재전환을 돕는 프로그램들과 같은 것에 있다.

이 단계에서 나는 몇 구절의 글을(그것이 조금 길다면 아마도 네가 원치 않을 것이지만, 아빠는 이 글들이 너무 감미로워서 너도 좋아할 것이라고 믿는다), 경제학의 또 다른 해학가인 한 프랑스 경제학자의 글에서 몇 구절을 과감히 인용하겠다. 그는 19세기 하원의원들에게 〈양초, 초, 램프, 샹들리에, 가로등, 심지 자르는 가위, 촛불 끄는 덮개를 만드는 업자들과 비계, 기름, 송진, 알코올과 일반적으로 조명에 관계된 모든 것들을 만드는 사람들의 탄원서〉를 제출하였다. 프레데릭 바스티아라는 이름의 49년의 짧은 생애를 보낸 그는 농부이자 분쟁을 해결하는 작가였으며, 또한 저술가·풍자작가·하원의원이기도 하였으나 무엇보다도 그는 경제학자였다. 그는 다음과 같은 신랄한 글을 쓸 정도로 프랑스의 보호 무역주의에 대한 요구가 높아지기를 갈구했다. 자, 이 글을 음미해 보렴.

하원 여러분,
여러분들은 특히 생산자의 처지에 많은 신경을 쓰고 있습니다. 여러분들은 외국의 경쟁을 우리 생산자가 뛰어넘기를 원합니다. 즉 **국내 시장**은 **국내 노동자**에게 남겨두고자 합니다…….
조명 기구 분야에서 우리보다 월등한 조건에 있는 경쟁 국가가 놀라울 만큼 낮은 가격으로 **국내 시장**을 **침범**한 사실로 알 수 있듯이, 우리는 외국 경쟁자와의 고된 경쟁을 맞이하고 있습니다. 왜냐하면 이 경쟁자가 나타나자마자 우리의 제품 판매는 정지되고, 모든 소비자들은 이 경쟁국의 제품을 선호하며, 그 분파가 수없이 많은 프랑스 산업의 한 분야가 그야말로 극심한 침체의 늪에 빠져 있기 때문입니다. 태양처럼 강력한 이 경쟁국이 우리에게 너무도 가혹한 전쟁을 걸어 오기 때문에, 혹시 영국의 배신으로 인해 이런 일이 우리에게 일어나는 것은 아닌가 하는 의심을 품게 됩니다…….

이 경쟁국이 우리에게는 그냥 지나쳤던 볼일을 거들먹거리는 이 섬나라에게는 가지고 있기 때문이지요.

　모든 창과 천창, 겉창과 덧문, 커튼, 구멍창, 구멍, 갈라진 틈과 햇빛이 집 안으로 들어올 수 있는 온갖 틈새들을 모두 차단하도록 명하는 법을 제정하는 것이 좋을 듯합니다. 이 국가가 차지함으로써 우리가 자랑스럽게 생각하던 유망 산업에 폐해를 끼치고 있기 때문입니다. 그리고 오늘날 이 국가는 이렇듯 불공정한 싸움에서 우리를 자연스레 물러서게 만들 것입니다…….

　우리는 여러분의 이의를 기대하고 있습니다, 하원의원님들. 하지만 단 한 가지 사실만을 보고서 반대하지는 말아 주십시오……. 그러나 여러분이 반대한다면 그것은 그 순간 여러분 자신에 대해, 그리고 여러분의 정책 자체를 이끄는 원리에 등을 돌리는 것이 됩니다…….

　어떤 제품을 생산하기 위해서는, 국가들과 기후들에 따라 노동과 자연적 조건이 다양한 비율로 경쟁을 합니다. 자연적 조건이 차지하는 부분은 늘 그냥 주어지는 것입니다. 가치와 임금을 만들어 내는 것은 노동이 차지하는 부분입니다.

　만일 리스본의 오렌지가 파리산 오렌지의 절반 가격에 판매된다면, 한 나라는 천연의 기후로 인해 혜택을 받게 되지만, 나머지 나라는 인위적으로 온도를 조절해야 하고, 따라서 더 많은 비용이 듭니다…….

　결정을 내리십시오. 그러나 논리적으로 생각해야 합니다. 만일 여러분들이 이 법을 제정한다면, 여러분들은 가격이 제로에 가까운 그 물건의 **비율에 따라** 석탄·철강·밀가루, 그리고 외국산 직물을 몰아낼 것이기 때문입니다. 가격이 제로인 햇빛을 하루 종일 허락하는 것이 무슨 모순이 되느냐고요?

이 글의 의미는 다음과 같다. 평균적으로 집단은 국제 무역에서 이익을 얻지만, 이 이익의 분배는 동등하지 않고, 어떤 이들은 심지어 손해를 볼 수도 있다. 국제 무역의 완전한 자유화를 방해하고 변질시키는 중요한 원천은 이익과 불리함의 불공정한 분배이다. 불리한 형편은 생산자와 그들에게 고용되어 있는, 더 이상 경쟁력이 없는 임금노동자들에게 돌아간다. 네가 이러한 상황에 처한다면 무엇을 생각하겠니? 적어도 단기간에 실패한 사람들은 보호 혹은 원조 조치(관세, 수입 가능 한도와 다른 할당액들, 양적 제한, 보조금 등)를 취하기 위해 공권력에 압력을 넣어서라도 이익을 챙긴다. 반면 다른 영역에 있는 사람들과 소비자들은, 자신들과 관계되어 있음에도 불구하고 흔히 시장 개방의 좋은 점에 관해서는 무지하고, 자유 무역에 유리한 정책에 영향을 주기 위해 필요한 모든 노력들을 기울이지 않을 것이다. (그러나 수출업자들은 예외이다. 그들은 국제 무역에서 얻는 직접적인 이익을 알고 있기 때문이다.) '정책적으로 형성된 시장'에 대한 이 불균형은, 때때로 수입 경쟁에 나서는 기업의 옹호자들을 지나치게 중시하는 경향을 띤다.

자, 공정하게 판단해 보자. 어느 정도의 보호 무역주의를 정당화하는 다른 논쟁들이 있다. 그러나 이것들은 매우 이해하기 어려운 것들이다. 가장 잘 알려진 것은 '새로이 생겨나는 산업들'로 불려지는 것이다. 매우 연약한 아이처럼, 전망이 확실한 어떤 산업들은 매우 거칠고 엄격한 환경으로부터 보호되어야만 하는데, 적어도 그 산업의 성장과 성숙도가 국제 시장이라는 완전한 세계에 나아가 맞설 수 있을 정도가 될 때까지이다. 이것은 분명 맞는 말이다. 그러나 또한 이 아이가 영원히 성인이 되지 못할 정도로 과잉 보호되지 말아야 한다는 것도 보장되어야만 한다. 우리가 지그문트 프로이트라는 이름의 이 빈의 경제학자를 여러 차례 반복하는 것처럼 말이다. 이것은 영원히 끝나지 않을 보호 무역주의를 함축하는 것인데, 미성숙의 기간이 연장되기 때문이다……. 그러니 이런 종류의 논쟁을 남용하지 않도록 주의해라.

또 다른 논쟁이 있다. 국가적인 방어나 자국의 독립에 필수적인 산업들을 반드시 보호해야 한다는 것이다. 이 주제의 (정책적) 효과를 부정하기는 어렵다. 하지만 여기에서도 남용을 주의해야 한다! 얼마나 많은 산업들이 그럴 듯한 이유로 그 국가의 전략적인 이익을…… 그리하여 **영원히** 보호해야 한다는 강력한 필요성을 내세우고 있는가.

사람들은 또한 보호의 일정 형태를 옹호할 수 있는데, 이는 일시적인 경우에 해당된다. 이것은 마치 강력한 보호 무역주의 정책을 표방한 국가들이 시장을 개방하도록 하기 위해 무역 전략의 도구처럼 사용하는 경우이다. "만일 우리 제품이 너희 나라에 들어가는 것을 반대한다면, 우리도 너희 물건에 대해 문을 닫겠다." 왜 아니겠는가? 하지만 여기서도 뚜렷한 목적——거래에서 가장 많은 부분을 차지하는——을 위해 열심히 일하는 대신 오히려 부차적인 보호 무역주의 정책을 증대시킬 수 있기 때문에, 이런 종류의 이유를 지나치게 내세워서는 안 될 것이다.

결국 보복의 방법들이 나타난다. '덤핑'(자국 내에서보다 외국에 훨씬 낮은 가격으로 판매한다), 혹은 더 나쁘게는 모조품들('에르메스 가방'이나 '까르띠에 손목시계' 혹은 '라코스떼 셔츠'의 모든 모조품들처럼 비행기의 부품들, 자동차의 차체 제조술 혹은 의학적 치료제에 다소 불순물이 섞여 있음을 언급하지 않은 채!)이 그에 속한다.

그러자 사람들은 몇몇 국가들이 수출 비용을 줄이고, 그리하여 이 수출을 이롭게 하기 위해 환율의 가치를 떨어뜨리면서 화폐라는 무기를 사용한다는 사실을 더 이상 부정할 수 없게 되었다. 하지만 이런 국가들이 자유롭게 무역하고(이것은 환율을 '암거래'하는 방식들을 상당 부분 막게 될 것이다), 자국 화폐의 교환 가능성을 발전시키는 쪽으로 유도하는 편이 적어도 병의 원인을 지속적으로 치유하는 것이 아니라 일시적인 증세를 치유하는 방식보다 더욱 가치 있는 일이다.

이 모든 것들의 이점은 무엇일까? 네가 모든 것을 잊어버린다면 무엇이 남을까? 그것은 무역의 자유가 '실제 생활에 필요한 지혜의 속담,' 즉 따르기만 하면 늘 좋은 일이 생기는 격언 가운데 하나라는 것이다. 마치 '정직함이 가장 훌륭한 정책이다'라는 바를 확신하는 것 같은 격언 말이다. 그리고 아빠는 네가 이 격언을 아주 바보 같다고 생각지 않았으면 한다.

아멘. 나는 국제 무역에 관한 이 (방대한) 질문들과 관계된 모든 것을 여기에 남겨둘 것이다. 앞으로 너는 생각을 광범위하게 키워 가고, 아주 그럴 듯한 거짓 예언자들에게 지적으로 대항해야 할 것이다. 그러면 이 거짓 예언자들은 스스로를 반성하게 되고, 그 덕택에 너에게 신뢰감을 가질 것이다.

아빠는 우리가 상호 의존적이라고 말한 적이 있다. 많은 영역에서 이것은 맞는 말이다. 특히 경제에 있어서 그러하다. 국제 무역에서 상호 의존성이 증가하고 있음을 너도 인정하기를 바란다. 이 상호 의존성의 발전들로 인해 또한 이 경제 영역을 지배하는 거짓 사상들을 네가 깨닫게 되기를 바란다. (자, 여기에 자주 나타나는 사상이 있다. 그 사상에 따르자면, 한 국가와의 무역은 오로지 그 무역이 적자가 아닐 경우에만, 다시 말해 그들이 상대 국가의 상품들을 수입하는 것보다 그 국가에 자국의 상품들을 더 많이 수출할 경우에만 이로울 것이라고 한다. 만일 이 무역이 적자라면, 우리가 그들에게 내어준 것보다 훨씬 많은 상품들을 우리에게 공급한 이 악한들을 비난하게 된다! 잘못은 어디에서 비롯되었는가? 비교 우위설을 잘못 이해한 데서 오는 것이다. 한 국가에게 중요한 것은 가장 효과적인 생산 분야를 특화하는 것이다. 또 어떤 국가가 되었든 한 국가와의 무역 균형을 이루는 것은 중요치 않다.)

오늘날 각국의 개방 경제들은 광범위하게 연결되었고, 우리는 경제에 관한 질문들을 오로지 자국의 좁은 관점으로만 볼 수 없다. 한 예로 우리의 이자율을 들 수 있다. 6장에서 아빠는 이자율의 결정 요소들을 설명한 바 있다. 그 설명을 완성하기 위해 나는 너에게 다음과 같은 사실을 분명하게 말해 둔다. 그렇다고 너에게 들려 준 이야기에서 아무것도 번복하는 것은 아니다. 그러나 몇 가지 국제적 요인들의 중요성을 주장해야겠다. 그 요인들은 우리 유럽인들에게는 독일 같은 나라와,

그 '부바'(Buba; 다정함을 나타내는 형용사로서, 국제 시장을 좋아하는 사람들이 라인 강 너머에 있는 우리 이웃의 중앙 은행——분데스방크——을 지칭하는 말이다. 동일한 호감의 정도에서 프랑스 은행은 마치 '귀여운 부바'나 '부베뜨'처럼 널리 받아들여지고 있음을 알아야 한다. 그러니까 이 말들은 애정 관계를 나타내는 용어로 사용된 것이다……)에서 비롯된 것들이다. 경제학이 점점 합쳐지는 순간부터(그리고 특히 유럽의 경우처럼 국가간에 상대적으로 고정된 환율을 유지하고자 할 때), 가장 강력한 국가는 전체적인 통합 지역에서 이자율 변동에 많은 영향을 끼치게 된다. 총통화량과 인플레이션의 변화에 대해서도 마찬가지이다.

그렇다면 우리의 정책들이 여러 차례 강조하는 바처럼, 우리는 경제학(다른 분야도 아닌)에 있어서 어떠한 '조정의 여유'도 지닐 수 없는 것일까? 경제 동향은 그 국가와 상관 없는 외국의 사건들에 의해서 오로지 결정되는 것일까? 패배를 인정하고 회의감에 파묻혀 외국의 힘에만 매달려야 하는가? 물론 아니다. 이 책 전반에 걸쳐 설명한 것처럼 가장 본질적인 것은 국내 구조와 방식들이다. 그리고 국제 상황을 거부하는 것은 잘못된 정책들을 따르는 것에 불과하다. 폰티우스 필라테[본티오 빌라도]처럼 한 나라의 경제적 선택이나, 그들만의 사회적 선택에 관한 일체의 책임을 피하기 위해 용이한 알리바이가 되는 이 국제 정세를 이용하라는 뜻은 전혀 아니다. 외부적 '속죄양 이론,' 어떤 입장에 처한 지도자들에 의해 잘 고안된 이 이론(만일 사태가 잘못되면 달러가 너무 세거나…… 너무 약하기 때문이고, 독일이나 미국의 이율이 너무 높거나…… 너무 낮기 때문이며, 또…… 또……)은 단지 성서를 통해서만 책임을 '벗을 수 있는' 술수로 이해될 뿐이다. 사실 우리는 국가적으로 완전한 빈털터리도 아니고, 국제 정세를 완벽하게 뛰어넘을 수도 없다.

어떤 길을 가야 할까? 국가간의 협력과 경제 정책들의 조화를 증진시켜야 한다. 말하기보다 실행하기가 훨씬 더 어려운 많은 국가 이익들(혹은 그렇게 판단되는 것들)과 주권 문제에 속한 민감성들(정당하든 그렇지 않든)은, 우리로 하여금 곧게 뻗은 길을 갈 때보다 오히려 굽은 길을 갈 때 더 많은 발전을 이루게 한다. 하지만 이러한 질문들을 마치면서, 그리고 우리의 민족적 우화작가였던 통찰력 있는 몽상가를 기억하면서 다같이 외쳐 보자. "인내와 긴 시간은/힘보다, 분노보다도 강하다!"

경제학의 또 다른 놀라운 영역으로 너를 이끌기 전에, 네 중요한 덕목 가운데 하나가 된 이 인내가 내게는 우리의 사고 전체를 잘 재편하기 위해, 그리고 그 결과로 우리의 사고가 '아름다운 사회'라는 시각에 잘 속할 수 있도록 하기 위해서는 유용할 것으로 여겨진다. 또한 정부와 시장의 상호 역할을 정돈하는 데 유용할 것으로 여겨진다.

15
정부와 시장
수많은 거짓말들

시장에 어울리는 역할과, 그 결과로 인한 정부의 역할은 경제학이 생겨난 이래 주된 분석 대상이 되어 오고 있다. 그리고 네가 매일 '괴상한 창문'(물론 텔레비전을 말한다!)을 통해 볼 수 있듯이, 이것은 항상 뜨거운 현실에 관한 정책 토론의 주제이기도 하다.

네가 이 문제를 잘 파악할 수 있도록 하기 위하여 잠시 앞으로 돌아가 보겠다.

고전학파 경제학자들과 신고전학파 경제학자들은 시장의 기본을 세웠고, 그 원리와 메커니즘의 원리들을 설명하였다. 정부의 역할은 두번째 단계로 넘어가는데(절대적인 기능, 즉 경찰·군대·사법 등을 제외한 경우이다), 이것은 정부의 역할이 부정적으로 변하였다는 뜻은 아니다. 애덤 스미스와 데이비드 리카도는 이 문제에 관해 중요한 글을 남겼다. 하지만 그들의 초기 관심은 보이지 않는 손이 원활하게 작용하는 데 필수적인 조건들을 확립하는 것이었다. 정부는 '속이 빈' 것처럼 보였다. 아무것도 하지 말아야 하기 때문이다. 정부는 상거래를 구속해서도 안 되고, 개인의 이윤과 그들의 상호 작용의 자유로운 표출을 보장하기 위해 집단적 이윤——이것은 개인의 이윤의 합계일 뿐이다——에 이르는 유일한 방법인 전매권을 만들어서도 안 된다. 스미스에게 있어서 **의도적으로** 공공의 이윤을 추구하는 것, 현대 서방 국가들이 대부분 지니고 있는 이 기능은 실패에 이를 뿐이다. 너에게 말했던 바와 같이, 이것은 기업가들과 시장에 개입하는 모든 사람들이 각자의 개인적 이익, 다시 말해 자신들만의 이익을 추구하면서 동시에 일반적 공동선(共同善)을 행해야겠다는 **의식을 갖지 않는다**는 이유 때문이다. 왜냐하면 이 개인적 이익에서 출자해야 하기 때문이다. (너는 만데빌레와 그의 《꿀벌의 우화》를 기억할 것이다.)

존 스튜어트 밀과 같은 신고전학파의 두번째 세대는, 19세기말 '원시적' 산업 자유주의의 남용에 다소 충격을 받고는 기본적인 자유를 보장하고, 특히 경쟁을 활성화시키면서 시장의 원활한 기능을 보장할 수 있는 국가의 개입을 관대하게 받아들였고 더 나아가 정당화했다. 이것이 기업들이 차지할 수 있는 독점권이나 뚜렷한 지위, 혹은 소비자 모르게 몹시 하고 싶을 담합들을 상대로 싸우는 현행의 공권력 개입의 시작이다. 그 다음에는 시장을 맹목적으로 믿어도 되는가?

사실 그렇지는 않다. 시장이 실패로 나타날 수 있기 때문이다. (너에게도 일어날 수 있다…….) 현대 경제학자들이 정부의 역할을 합법화했을 뿐 아니라 제한한 것은 물론 이러한 관점 때문이다.

밀턴 프리드먼과 같이 시장을 가장 열렬하게 보호하는 이들조차 어떤 영역들과 조건들에서는 공적 행위를 거부하지 않는다. 만일 정부가 자동차·가스 레인지 혹은 잠옷 같은 제품들을 생산해 내지 않는다 해도, 정부가 권리(다른 권리들 중에서 소유권)를 완성하고 지키게 할 때, 그리고 정부가 분리할 수 없는 '공동의 이익들'(혹은 집단의 이익들)을 공급하거나 지원할 때 정부는 자신의 역할을 수행하는 것이다. 이것은 무슨 뜻인가? 그것은 한 사람에 의한 소비는 다른 사람들에 의한 소비와 관련되어 있다는 사실을, 그리고 생산량이 개인적 필요나 요구에 꼭 부합될 수 없다는 사실을 특징으로 지니는 재화나 용역들이란 뜻이다. 경찰서와 군대·재판소에 대해서도 마찬가지이다. 게다가 이러한 재화는 '밀항자'의 전략에, 네가 가장 좋아하는 행동, 즉 표 없이 입장하는 전략에 도달하고, 문제의 재화나 용역을 위해 강제로라도 다른 사람들이 돈을 내도록 만든다. 그들도 이 재화나 용역을 어떻게든 이용할 것이라는 바를 알기 때문이다. (나 아닌 다른 사람들이 군대에 돈을 낸다 해도, 국토를 지키는 이 군대는 외부 침략이 일어날 경우 어떻게든 나를 보호할 것이다. 그런데 왜 내가 거기에 출자를 해야 하는가? '익숙하고' 보다 평범한 다른 공적 재화를 가정해 보겠다. 우리 집 식기 세척기가 자주 고장을 일으킬 때, 너는 설거지를 하지 않을 궁리만 한다. 왜냐하면 식기들이 아주 많아서 어떤 식으로든 누군가 이 일을 하리라는 것을 알기 때문이다.) 저절로 생겨난 이 시장은 재화를 공급하지 못할 것이고, 결국 재화의 양은 부족해진다. 그렇기 때문에 수요를 만족시키기 위해서는 공권력이 개입되어야 한다.

그렇다고 이것이 전부는 아니다. 그 소비자나 수혜자를 식별하여 배분될 수 있는(혹은 보호되는) 집단적 재화들 또한 존재하기 때문이다. 예를 들면 교육이나 교통과 같은 혜택들은, 방금 전에 언급했던 이유들로 인해 일반 시장에서 작용하는 힘들에만 의한다면 적절하게 제공될 수 없을 것이다. 그렇기 때문에 이 공급을 원활하게 하는 일은 정부에 달려 있다.

나는 네가 또 다른 영역에 대해 매우 예민하다는 것을 알고 있다. 굳이 이름을 붙이자면 환경 오염에 관한 영역이다. 시장이 공해를 일으키는 이들에게(기업은 메스꺼운 연기를 배출하거나 강을 오염시키고, 개 주인들은 제일 어린 개들까지, 엄청난 수의 개들을 거리의 인도에 제멋대로 풀어 놓는다. 이밖에도 여러 가지가 있다) 자신들의 행위가 환경에 어떤 영향을 미치는가를 정당하게 이해시키지 못한다면, 시장 혼자서는 '겉으로 표출된 결과'인 이 문제들을(즉 이것은 소비자나 몇몇 사람들에 의해 내려진 생산 결정들이 다른 영역들에 영향을 끼치는 문제이다) 해결하지 못할 것이다. 슬픈 일이라고 생각하니? 그렇다고 너무 의기소침해하지는 말아라. 왜냐하면 이때 정부가 너의 웃음을 되찾아 줄 테니 말이다. 정부는 공해를 일으키는 이들을 제한할 수 있고, 또 그렇게 해야만 한다. 혹은 더 나아가 공동 집단의 다른 이들에 대해 그들이 선택한 것이 어떤 결과를 가져오는가를 이해시킬 수 있고, 또 그래야만 한다. 이것은 어떻게 가능할까? 조세 체제를 통해서나, 미리 규정된 대기 오염의 분담금을 시장에서 서로 나누어 부담하는 캘리포니아의 몇몇 기업들 사이에 이루어지는 매우 진보적인 예에서 볼 수 있듯이 ‘환경 오염에 대한’ 세금들을 만들어 재편성함으로써 가능하다. 그리하여 비록 사람들이 이 사실을 너에게 말한 적이 없다 해도(자기 죄를 고백하지 않았다 해도) 우리의 공기와 물, 일반적인 자연 보호가 온전히 경제학자들의 관심 영역 속으로 들어온다는 사실이 그리 놀라울 것은 없다. 어떤 방법으로든 특히 매우 공감이 가도록, 그러나 경제학의 기초 지식이 전무한 몇몇 ‘녹색’ 단체들의 선동 없이 이루어져야 한다.

그러니 안심해라. 이 외적인 결과들이 늘 해로운 것은 아니다. 이따금씩 이 결과들은 집단에 이익이 될 수도 있다. 공공 위생(여기에서 꼭 해야 하는 몇 가지 예방 접종이 생겨난다. 맞을 때 아프다는 것이 단점이지만……)에 관해서나 교육, 기초 학문에 있어서도 마찬가지이다. 이것은 공권력의 힘이 이러한 활동에 직접 개입해야 한다는 바를 의미하는 것이 아니라, 적어도 부분적으로는 이러한 활동을 지원해야 한다는 것이다. 매번 ‘무정부적 자유주의자들’이 이러한 입장에 이의를 제기하고 있다는 것을 알아두렴. 하지만 그들은 고립되어 있는 자신들을 깨닫는다.

자, 이제 충분한 분담금이 시장을 통해 효과적으로 마련되었는가? 위대한 옛 선지자들에 대한 부분에서 보았듯이 이론적으로 어떠한 추가 거래도 하지 않는, 다른 개인의 파산을 일으키지 않고는 한 개인의 행복을 가져올 수 없다는 의미에서 시장은 경제적으로 ‘최적의 상태’로 나아간다. (공공 재화의 경우와 결과들이 외부로 표출되는 경우를 제외하고 말이다.) 너무나 당연한 이야기이다. 하지만 ‘집단 윤리’라는 차원에서와 마찬가지로 이것은 ‘이상적’ 상황에 불과하다는 것을 말해 줄 뿐이다. 그렇기 때문에 수입과 자산의 재분배 작용은 '사회적 정의'라는 (주관적인) 몇 가지 기준에 따라 공권력에 귀속된다. 따라서 우리는 끝없는 논쟁, 실증경제보다는 규범경제로 더 많이 드러나는 가장 정책적인 논쟁을 하게 된다. 그러므로 가장 위험하고 심각한 논쟁들의 원천인 이 분야에 관해서는 이 정도에서 그치려 한다. 가장 중요한 것은 화합이다.

결국 정확하게 말해서 (어떤 상황의) 경제 활동을 조정하는 영역에 있어서, 케인스학파의 출현과 더불어——제2차 세계대전 이후를 말한다——경제의 '바람직한' 균형에 매우 절실한 요인인 정부의 필요성이 나타났다는 것을 너에게 알려 주고자 한다. 시장 단독으로는 도달할 수 없는 완전 고용을 정부는 보장할 수 있다. 정부는 재화의 수요를 촉진시키기 위해 '자극을 줄' 수 있고, 이것이 없다면 경제 조직을 완전 가동할 수 있게 하는 시장의 원동력은 불충분하게 된다.

그리하여 수요의 자극에 관한 케인스의 경제 사상을 발판으로 삼아, 시장의 특정 이윤에 반해 '공공 이윤'의 확대를 보장하기 위한 정부의 개입이 필요하다는 것이 지배적인 시각이 되었다. 강력하면서도 중재자 역할을 하는 정부 없이 경제적·사회적 안녕은 전혀 불가능하다. 정부라는 의지론자가 없다면 사회 발전도 불가능하고, 최대 다수를 위한 행복도 멀기만 하다. 시장의 '맹목적인 힘들'을, 공공 이윤의 적들을 비난해야 한다! 그리하여 다음과 같은 결과가 나타난다. 수십 년 내에 정부라는 개구리는 암소보다 훨씬 커져, 창출된 부로부터 거두어들인 액수는 엄청나게 늘어난다. 그러나 그렇다고 해서 사회 문제가 사라지는 것은 아니다.

반드시 균형의 상태로 되돌아와야 한다. 1980년대 이후, 또 미국의 레이건 대통령과 영국의 녹슬지 않는 '철의 여인'(가장 존경받고 추앙받았던 대처 수상)이 그 주역이었던 자유주의 이후, 이번에는 정부에 대한 비난이 높아졌다. 그것은 복지와 자유를 창출하는 시장들의 순환을 막는 방해꾼이라는 비난이었다!

우선 수요를 촉진시키는 투자가 지속적으로 경제를 자극할 수 있다는 신념이 통화주의자들과 신고전학파에 의해서, 그리고 시간이 조금 지나서는 신케인스학파에 의해서도 비난을 받았다는 것을 이제 너는 알고 있을 것이다. 그 이후로는 예산과 화폐의 적극적인 행동이 부의 창출과 고용에 지속적으로 영향을 줄 수 없다는 것이 공공연하게 용인되었다. 또 정부의 적극적인 행동에 이 두 가지의 중요한 요소들을 해칠 수 있는 기회가 많다는 것도 인정되었다. 비록 전체적으로 정부가 이탈해서는 안 되지만, 그 역할은 수요를 '궁극적으로 조정'하는 것이 아니다. 그렇다면 정부는 하릴없이 허송 세월해야 한단 말인가? 물론 그것은 아니다. 정부는 약간 절제된 태도로 시장에 대한 불안감을 최소화하기 위해 최선을 다해 경제 여건을 안정시키는 일에 그쳐야 한다. (그것만으로도 이미 상당한 일을 한 것이다.) 이를 위해서 정부는 부의 창출에 도움이 되는 틀을 보장해야 한다는 것, 즉 그들이 생산과 개혁에서 더 많은 이익을 얻을 수 있게 하기 위해 기업들과 경제적 생산자들·시민들을 '환기'시켜야 한다는 것도 인정해야 한다. 그리하여 세금을 낮추고, 규제를 철폐하는 등, 시장 개방과 유연성에 대한 제안들이 생긴다. 간단히 말해, 너도 알다시피 이것은 수십 년 전부터 행해진 전능한 정부, 그 힘이 점점 커지는 정부에 대한 고발이다.

그러나 정부의 의지론에 대한 반박은 여기에서 그치지 않았다. 프리드리히 아우구스트 폰 하예크(1974년에 노벨 경제학상을 공동 수상하였다)와, '오스트리아인들'에 의한 분석들을 거침 없이 세상에 드러내는 새로운 문제들이 이 논쟁에 난폭하게 개입했다. 1930년대부터 강경한 반케인스학파였던 하예크에 의하면, 공권력의 개입은 '예종에의 길'이고, 경제적 자유는 정치적 자유를 보호하는 성벽이다. 개인의 자유가 그 기초가 되는 사회는, 어떤 다른 사회 조직체보다도 효과적일 뿐 아니라 훨씬 공정하게 움직인다. 그리고 이 자유가 시장에 적용하는 작용은 단순히 자원을 최적의 상태로 분배하는 것을 훨씬 능가한다. 즉 이 작용은 그 사회 전체 조직의 체계가 된다. 혹시 그 이유와 방법을 알고 싶지 않니? 이 아빠는 너의 충실한 하인이란다.

이 오스트리아 경제학자의 말에 따르면, 시장은 단지 재화를 생산하고 분배하는 일만을 하는 것이 아니라, 경제의 원활한 활동에 꼭 필요한 정보와 지식을 발견하고 분류하며 유포시키기도 한다. 또 이것은 시장 혼자서 드러내고 유포하는 정보를 정확하게 미리 알려 주는 중앙 집권의 계획적 조직화 과정에 대한 번복할 수 없는 비난을 형성한다. 더 일반적으로 시장은 '발견의 단계,' 즉 창조와 동기화를, 그리고 만일 자유 교환 체계와 경쟁적 교환의 체계가 없을 경우 그 사회가 제멋대로 할지도 모르는 지식을 유포하는 과정을 구성한다. 그리하여 시장들이 만들어 내는, 그리고 정보와 견문·지식들을 우리 모두

가 누릴 수 있도록 하는 이 '즉각적인 질서'는 지대한 경의를 받을 만하다. 어떤 다른 조직 체계도 이러한 지식들을 줄 수 없기 때문이다. 그리고 사회가 점점 더 복잡해지는 만큼 이 시장은 더욱 필수적인 것이 되고, 그 중요성은 정치 단계보다 더욱 커진다. 여기에서 절대적인 정부와 혼합 경제에 대한 하예크학파의 비판이 생겨난다. 이제부터는 이것에 대한 요약이다.

이를 중재하는, 다시 말해 개인의 선택과 행위의 자유를 '공동의 이익'이라는 이름으로 축소하는 공권력은 시장의 원활한 기능에 해를 끼친다. 즉 조정을 보장하고 개인의 수많은 활동의 협조를 보장할 수 있는 결정들이 더 이상 내려지지 않거나, 이러한 조정과 협조를 촉진하는 데 실패하거나 위축되기 때문에 잘못된 결정이 되고 만다는 것이다. 잘못과 고비용의 낭비는 반드시 결과를 초래한다. 이때 정부의 간섭이 개입과 공식적인 규제를 더 많이 요구하게 되는 악순환이 시작된다. 그리고 이러한 개입과 규제는 시장의 효율성을 위축시키고, 정부의 개입을 지속적으로 확대시키는 톱니바퀴를 자극한다.

이제 틈이 벌어졌다. 이 오스트리아 경제학자의 학설에 영향을 받은 이들이, 정부의 개입 정책들이 낳은 부정적인 결과들을 명백하게 드러내는 다양한 분석들을 잇달아 내놓았다. 규제받았던 기업들이 자신들을 규제해 왔던 이들을 볼모로 삼아 규제의 대가를 요구하고 시위했던 것이다. 또 경쟁을 보장한다고 여겼던 법규들을 상대로 소송을 제기했다. 한편 공공 경제와 정책 과정의 '일탈'을 감추고 있던 베일을 벗겼다. 자신들을 조력자로 믿어 왔던 이들에게 등을 돌리는 '사회 프로그램들'의 잘못된 결과들인 것이다. 그밖에 여러 사례들이 있다.

늘 긍정적이고 실패가 없으리라는 정부의 의지론을 열렬하게 지지하는 이들을 가리고 있던 푸른 숲이 어이없이 무너진 것이다! 이 문제는 다음장에서 계속해 다루마.

　우선 충격을 받았으니 잠시 쉬는 것이 좋을 터이다. 여기에서 상황을 요약해 보자. 정부를 지지하는 이들과 반대하는 이들, 시장을 지지하는 이들과 반대하는 이들의 우글거림 속에서, 너는 무엇을 중시해야 하는가를 이성적으로 생각할 것이다. 정부의 개입 한계는 어디까지인가? 어디까지 시장을 믿어야 하는가? 이 아빠가 힘껏 돕겠지만, 이 숙제는 그리 쉬운 것이 아니다. 그래도 한 번 해보자꾸나.

　정부의 역할에(시작은 무리가 없었다……) 관한 한――시장의 결과를 통해――너에게 완전하고 결정적인 해답을 제시하는 것은 불가능하다. 단지 특수한 기능에 관계된 분야는 제외된다. 즉 군대와 경찰·사법부처럼 법을 완성하고 집행하는 경우와――소유권을 보장하는 경우를 말한다. 네가 원한다면, 이 아빠가 경제적 분석에서 끌어낸 주관적인 원칙들을 제시해 보겠다. (아빠는 아빠의 친구들처럼 하지 않을 것이라는 바를 알아 다오…….)

　공적 재화들이 보통 정부의 힘에 종속된다 해도, 전체적 혹은 부분적인 원조를 담당하고 있는 이들에게 있어서 이 공적 재화의 정의는 시간·기술과 함께 변화될 수 있다는 것이다. 오늘날 집단의 어떠한 이익이 내일 또 이익이 되지는 못한다. 혹은 그 이익을 공급하는 방식도 바뀌어질 수 있다. (고속도로는 극히 드문 경우에만 납세자가 직접 내는 재원으로 충당될 뿐이다. 또 통행세를 낼 수 있는 이들은 고속도로를 이용하는 사람들이다.) 외국인들 또한 정부가 다루지만 꼭 관료적인 규제나 금지를 받아야 하는 것은 아니다. 재원을 촉진하고, 시장과 새로운 소유권을 만드는 것이 때로는 도움이 될 수 있다. 예를 들면 환경을 오염시킨 이들로 하여금 세금을 내게 하는 것, 다시 말해 외국인들을 자국민으로 받아들이는 것이다. (이렇듯 훌륭한 표현이 고풍스럽게 느껴지지 않니? 전문 용어의 정확한 의미가, 이 아빠가 문외한인 문학적이고 미학적인 것과 항상 짝을 이루는 것은 아니다.) 경쟁에 도움을 주는 활동들은 공권력에 달려 있지만 이것들은 시장 개방이라는 기능에 맞춰져야만 하는데(특히 시장을 국제화시킨다는 점에서 그러하다), 이 시장 개방은 몇 가지 방해물들과 부당한 보호를 무너뜨린다……. 그리하여 경쟁을 촉진시키는 활동들은 정부의 활동 영역을 축소시키거나, 최소한 그 영역을 이전시킨다. 게다가 정부가 경쟁과 효율성을 높이는 데 도움을 줄 때는 이따금씩 몇 가지 활동들에서 빠지기도 하고, 어떤 것들에 대한 규제를 철폐하고, 또 다른 것들에 대해서는 규제를 더욱 강화하는 때이다. 그리하여 각 경우마다 신중하고 충분한 검토가 이루어져야 한다. 경제적 규제에 관해서, 나는 너에게 문제를 방대하게 확대시켰다. 만일 네가 종합의 종합, 또 그 종합을 원한다면, 아빠는 땀으로 뒤범벅이 될 것이다. 경제 성장이 지연되는 시기에 단기적으로는 경제의 예산 수립 방식이나 신중하게 자극되어야 하는 화폐를 이용한 방식들이 옳다. (아빠는 이 개념이 주관적이고 혼동을 일으킬 소지가 있다는 것을 알고 있다.) 그리고 그 반대의 경우에 대해서는 아무 할 말이 없다. 하지만 기간이 이보다 조금 더 길 때에는 명백하고 예고된, ……그리고 잘 지켜질 수 있는 정책의 틀 안에서 모든 것이 맞추어져야 한다. 이 것은 정부의 예산이 경제적 주기 안에서 대충 균형을 유지해야 한다는 것을 의미한다. 또 총통화량이 평균적으로 인플레이션을 일으키지 않는 정도로만 증가되어야 하고, 이 평균적인 성장과 관련해서 약간의 일시적인 일탈을 수반할지도 모른다는 것을 의미하기도 한다. 결국 수입과 자산, 사회적 정의의 재분배라는 거부할 수 없는 기능은 정부라는 개념에 포함되어 있는 모든 모호성과 함께 남는다. 이러한 관점에서 공권력이 어떤 변화들과, 특히 고용과 실업에 있어서의 고통스럽지만 재전환을 보장하는 데 도움을 준다는 사실은 내게 당연해 보인다. 하지만 이 모든 개입들은 강압적인 징수(세금에 사회 분담금을 합친)의 부담을 지나치게 가중시키지 않기 위해, 그리고 그로 인한 '왜곡된 결과들'——노동과 저축, 투자와 생산 의욕을 저하시키는 것과 같은——을 피하기 위해 적절하게 이루어져야 한다. 이 왜곡된 결과들이 개인과 집단의 행복에 해를 끼치기 때문이다. 마찬가지로 정부가 성장과 고용에 다소 부정적인 영향을 주는 규제들을 직접 나서서 조절하거나 없앨 줄 알아야 한다는 것도 인정해야만 한다. 정말로 방대한 프로그램이란다!

이상과 같다. 그밖에 정부가 그 속셈을 내보이기 위한 견고한 경제적 이유들, 우리의 학문에 의해 정당화된 경제적 이유들(아빠는 이 이유들에 충실히 따르고 있다)은 없다.

때때로 약간 막연한 상태가 되어 난처해질 때도 있지만, 그럴 때 아빠는 원론적인 수준에 머무를 수밖에 없다. 그리고 이 원칙들이 비교적 명백하다 해도, 이 원칙들의 구체적인 적용은 조정의 여유를 남긴다. 그러나 이 여유가 늘 실증 경제로 드러나는 것은 아니다. 혹시 이 점이야말로 정말로 심각한 병폐가 아닐까?

이 장을 마치면서 아빠는 네가 긴장을 늦추지 않았으면 한다. 그리고 어떤 입장에 관한 것이든 현재의 거짓말들을 곧이곧대로 받아들이지 말라는(네 접속법을 조금 고친다 해도 크게 잘못되지는 않을 것이다……) 말을 하고 싶다. ("믿지 않는 것은 작은 실수이지만, 전부를 믿는 것은 과오이다."——페르난도 드 로자스) 시장과 '그냥 내버려두기'의 탁월한 기능을 지지하는 자유론자들은 저절로 실책을 드러내게 된 정부의 모든 개입을 비난할 것이다. 케인스적 개입주의자들에 대한 경의는 무조건적이고 전지적인 강력한 정부에게서만 생길 수 있을 것이다. 이러한 정부는 시장이라는 '정글'의 근본적인 결점들을 제거할 수 있는 유일한 존재이기 때문이다. 현실적으로 아빠는 이러한 비유에 맞아떨어지는 사상들을 거의 모른다. 그래도 이것은 의미와 선택이라는 방대한 지대로 남아 있다. 그리고 치열한 정책 싸움으로 남아 있기도 하다.

이 속세에서 완전한 것은 아무것도 없다. (물론 너와 나는 제외다.) 시장에 결점이 있는 것처럼 정부도 눈처럼 희지는 않다. 어떤 것에든 돈을 거는 것은 위험하다. 양편은 각각 서로를 필요로 한다. 권리의 규제가 없는 시장은 방향도 일관성도 없는 미친 기계가 될 뿐이다. 시장이 구축하는 경제적·정책적인 상대자가 없는 정부는 순식간에 사람들을 짓밟고 빈곤하게 만드는 냉혹한 괴물로 변할 것이다. 그러므로 각각의 장점과 단점을 잘 고려해야만 한다. 시장의 실패가 광범위하게 분석될 수 있었던 것은, 정부의 역할이 이른바 신적이고 더 나아가 신비로울 정도로 완전한 자신의 이미지를 오래도록 지켰기 때문이다. 적어도 경제학의 작은 악마들이 자신들과는 상관없는 일에 끼어들 때까지는…….

16
정책 시장과 공공 선택들
유쾌한 상상

경제적 메커니즘과 그에 따른 정책들은 이제 너에게는 더 이상 비밀스러운 것이 아니다. 그러나 헐렁한 옷을 입고 있을 때에는 네 몸을 잘 드러낼 수가 없다. 아빠는 그 이유를 잘 알고 있다고 생각한다. 잘 생각해 보렴. 왜 정치가가 '바람직한' 정책들을 시행하지 않는지를 말이다. 아빠는 분명 그렇게 느낀다. 왜 정치가는 유능한 관리들이 그에게 주입시키려고 애쓰는 요구 사항들을 부정하는 것처럼 보일까? 그가 경제와 그 화려함에 대해 전혀 모르기 때문일까? 아무것도 하지 않고 이익을 얻기 위해서일까? 무엇에도 쓸모가 없기 때문일까?

이성을 찾자. 그리고 정치가들에게 너무 성급히 돌을 던지지는 말아라. 그에 대한 책임은 다른 사람들에게 있다. 분명 결코 무능력함을 과소 평가해서는 안 된다. 하지만 조금 전에 인정한 것처럼, 너와 이 아빠를 제외한 어떤 사람도 이 속세에서는 완전하지 않다. 경제학자들은 매우 빈번하게 정부를 추상적이고 투명하며 한치의 오류도 저지르지 않는 존재, 결코 실수하지 않는 진정한 슈퍼맨처럼 생각하는 우를 범해 왔다. 이러한 비현실적인 순진함으로 인해, 경제학자들은 통치자들에게 능력이 있으므로 자신들은 그들이 해야 할 일을 지적하는 것으로 충분하다고 생각했다. 또한 경제학자들은 결정권자들을 자신들이 손짓이나 눈짓을 보내면, 그들에게 흘려보내는 굉장한 조언들을 성실히 추종하게 될 말 잘 듣는 로봇쯤으로 생각했다. 양순한 몽상가 출신인 그들은 정부의 결정권자들이 자신들과 같은 목적을 지니고 있다고 생각했다. 간단히 말해, 정책(그리고 행정적) **결정 과정에서 자동적으로 움직이는 메커니즘은 존재하지 않는다.**

그들이 이러한 자동성을 깨달았을 때, 이러한 인식은 특히 종교 단체에게 거슬리는 것으로 인적 자원이 풍족한 대학의 학자들이 이 도전에 응하고 싶어했다. 이때 그들은 그때까지 한 번도 와보지 못했던 영역의 탐험에 자신들의 몸을 던지게 된다. 즉 이것은 정부 기능의 영역, 행정부의 영역이고, 뭉뚱그려서 말하자면 민주 정치라는 영역이었다. 이것이 버지니아대학교의 남부 향취가 물씬 풍기는 초록 캠퍼스에서 생겨난 **퍼블릭 초이스**(Public Choice; 공공 선택)라는, 네가 제일 좋아하는 학파이다. 이 학파의 지도자가 누구냐고? 제임스 뷰캐넌으로 1986년의 노벨 경제학상 수상자이다. (순간 너는 모든 경제학자들은 스웨덴의 한림원이 주는 상을 받아 왔고, 받고 있으며, 앞으로도 받을 것이라고 생각할 것이다!)

뷰캐넌과 그의 제자들에 의하면, 현명한 경제학자가 조언한 최적의 정책을 그대로 수용하고 실행하면서 정치가나 관리의 시각(아무리 재미있더라도 이 용어 뒤에 어떤 조롱의 의미를 두지는 말아라)을 버려야만 한다. 이러한 시각은 '공공의 이익'을 강압적으로 추구하게 될 것이고, 끝없이 대접을 요구하는 광포한 가장처럼 행동하게 된다. 이것이야말로 정말 꿈 같은 능력이 아닌가!

그러나 불행히도 정책입안자 역시 다른 사람들보다 못하지도, 더 낫지도 않은 한 사람의 남성(물론 여성이기도 하다! 몇 명의 여성들이 있으니까)이다. 자기 동료들과 마찬가지로 그는 개인적인 목적을 지니고 주변의 자극에 반응하며, 그의 행동은 기회와 제약에, 그리고 보상과 자신이 받게 될 형벌이라는 체계에 달려 있다. 그렇다면 모두가 부패되었을까? 여기에 속아 넘어가지 말아라. 그러기에 너는 훨씬 뛰어나니까 말이다. 그들을 비난하는 것은 전혀 중요하지가 않다. 경제학자들이라는 이 괴상한 부류의 인간들이 지니는 인간 행동에 대한 값진 견해를 기반으로 삼아 그들을 설명하고 이해하려고 애쓰는 것이 중요하다. 너의 행동 지침으로 볼 때, 이러한 시각은 '방법적 개인주의'로 규정된다. 다른 말로 표현하자면, 행동한다는 가설에서 출발하여 정부와 행정부의 기관들을 규명하는 이론을 완성하는 것이다. (자, 마지막 기쁨을 누려 보렴. 너의 관대함에 고마움을 느낀다. "더 이상 실제적인 것은 없다……"를 기억해라.) 네가 미처 알아차리지 못했다 하더라도, 우리가 앞의 15장에 이르는 동안 고정 관념을 가지고 대한 것은 전통적인 상업 경제 분석의 기본이 되었던 방법에 대한 것이다. 퍼블릭 **초이스**는 특수한 문제, 공공 결정을 내리는 문제에 이 방법을 적용하는 학파이다. (다음 두 장을 기대해라. 깜짝 쇼는 아직 끝나지 않았다.)

그렇다면 그 속에 담긴 의미는 무엇인가? 한 번 더 매달려 보아라. 땅콩 시장이 있는 것처럼 '정책 시장'이 있고, 그 위에서 시장이 '균형'에 이를 수 있도록 '공급'과 '수요'가 상호 작용을 한다. 네가 알다시피 이것은 매우 단순하다. 공급이 정치인에게 달려 있는 반면, 수요는 유권자나 정부의 힘을 필요로 하는 사람에게서 생긴다. 더 많이 알고 싶다고? 좋다. 그러나 너의 야유는 알 바 아니다!

시장의 한쪽에는 정책 시장에서 경쟁을 하는 '입안자들'인 정치가들이 있고, 여기에서 정치가들은 유권자가 '사게' 될 자신들의 '제품'을 '팔려고' 한다. 이 제품의 성격이 뭐냐고? 새로운 생각, 새로운 제안, 새로운 계획, 새로운 방법이다. 자신의 시장에서 경쟁력 있게 남고 싶다면 정치가는 끊임없이 새것을, **상상력**을 제시해야만 한다. 19세기의 마지막 관찰자이자 미래학자였던 알렉시 드 토크빌은 이렇게 말하였다. "프랑스인들은 정치가를 문학가처럼 생각하는 경향이 있다. 그들은 진실한 사람보다는 상상력이 뛰어난 인물, 새로운 인물을 더 좋아하고, 봉사하는 사람보다는 오히려 설명하는 사람을 더 좋아한다." 유쾌한 상상일까? 그렇지는 않다. 비록 우리의 집단 무의식이 특히 이런 경향을 즐기고…… 1세기나 되는 시간이 흐른 후에 정책 시장의 유형과 나란히 발전되었다 해도 말이다. 우리의 정책 '생산자'가 실행한 이 개혁 과정의 결과는 무엇일까? 정부의 소비 증가라는 명백한 경향이다.

경영자로서의 정치인이 자신의 '고객들'을 더욱 만족시키기 위한 몇 개의 끈을 가지고 있기 때문이다. 정치 우두머리는 자기가 내린 결정의 이익들을 신중하게 선택한 범주에 집중시키고, 그 비용은 집단 전체로 확산시킨다. 전기 편물기계사들을 포함해 비행기 생산자들, 농부들이나 생 클로드 파이프에 광을 내는 사람들은 보조금이나 다른 특별세액의 공제 혜택을 받게 된다……. 이것은 납세자 전체가 주는 혜택이다. 이러한 혜택을 받는 사람들은 이 점에 매력을 느끼지만, 세금을 내는 사람들은 그 결과 자신의 세금이 더 무거워진다는 것을 이해하지 못한다. 전자의 사람들은 휴머니티를 위해 매우 중요시되는 이 작품 때문에 이 정치가를(다음 기회가 올 때까지) '끝까지' 고맙게 생각할 것이고, 선거날 그에 대한 보상을 할 것이다. (적어도 그가 되기를 바랄 수는 있다. 하지만 오늘날의 고마움이란 것은…….) 이러한 작용이 그들에게 지우는 부담을 깨닫지 못하는 후자의 사람들은 웃으면서 진통제를 삼키고, 그 결과 권력을 차지한 이들을 엄격히 다루지 못하게 된다. 이 모든 것이 정치적으로 가장 발전한 곳에서 가장 잘 이루어진다! 정책 시장의 이러한 특징은, 낡은 계획들을 제거하는 것이 왜 그렇듯 어려운가를 설명해 주기도 한다. 그 계획들이 쓸모없을 뿐 아니라 부정적으로 드러났음에도 불구하고, 이번에는 폐지에 드는 비용이 몇몇 단체들에게 집중되어 있기 때문이고, 이 단체들이 보게 되는 그 이익이 집단 전체로 환원될 것이라는 이유 때문이다. 손해를 본 사람들이라면 경제라는 열차를 멈추기 위해 무슨 일이든 할 것이다. 반대로 이익을 챙긴 사람들은 자신들이 그에 연루되어 있음에도 불구하고 경제에 활기를 주기 위한 어떠한 일도 하지 않을 것이다. 그렇게 하면 그들의 개인적인 이익이 분산되고, 결국 상대적으로 약해지기 때문이다.

잘 들어라, 이야기가 끝난 것이 아니다. 이것은 행정부가 기능의 '자율성'을 가지고 있기 때문이기도 하다. 사기업의 경영인과는 대조적으로 관리는 자기의 임무 수행에서 생긴 '잔여물'(수입과 지출의 차액, 즉 '이익'을 말한다)을 착복할 수 없다. 그리하여 관리는 다른 식으로 자신의 만족을 얻으려고 할 것이다. 어떻게 가능할까? 예를 들면 자신의 영향력과 권력·특권을 키우려고 애쓰는 것이 이에 속한다. 이것은 흔히 일어나는 일들, 즉 해당 부서의 **크기**를 확대하거나 역할 수행에 드는 **비용**을 증가시키는 것으로 해석된다. 네가 의심하는 것처럼 이러한 지적은 정부 확대에 제동을 걸기 위함이 아니다.

그러므로 우리의 대단한 정책 시장에서는 수요 쪽에서 일어나는 일이 무엇인지 또한 검토해야 한다. 훨씬 높은 곳에서 정부 방침의 직접적인 혜택을 받는 사회 집단이나 분야들이 정치 체계와 행정 체계가 자신들을 위해 행동하도록, 그리하여 정부와 정부 개입의 중요성을 확대시키도록 밀어붙이는 것은 너무도 자명하다. (항상 이 점을 상기하렴. 어떤 때에는 이 경우에 부합되고, 어떤 때에는 그렇지 않지만 이러한 작용의 기본은 '공동의 이익'이라는 점이다.) 게다가 압력을 행사하는 이들 집단들은 정부의 움직임에 대한 정보를 독점할 수 있고, 정부가 자신들의 이익을 잘 이해하고 그것을 위해 움직일 수 있게 하는 모든 능력을 지니고 있다. 이것은 사회 전체의 다른 분야들을 위하는 경우가 아니다. 사회라는 전체 공동체는 농업 정책에 대한 자료를 수집하고, 그 정책을 바꾸기 위한 움직임에서 생기는 부차적인 이익만을 갖게 된다. 반대로 농부들은 이러한 움직임에서 중요한 영향을 받는다. 그들의 수입이 전적으로 거기에 달려 있기 때문이다. 비행기 제조업체들은 항공 산업 분야에 대한 지출과 정책을 면밀히 검토하고, 이것들에 영향을 주려는 것에 관심을 가진다. 교사들은(물론 이분들도 포함되어야 하지 않겠니?) 교육에 드는 비용에 관심이 있다. (14장의 보호 무역주의에 관한 토론도 기억해라. 이것을 유지함으로써 생기는 이점들은 매우 특수한 산업 분야에 집중되어 있는 반면, 그 비용은 소비자 전체에게 분산되어 있다. 여기에서 국제 자유 무역에 지장을 주는 방책들을 제거하는 어려움이 생긴다.) 그밖에도 여러 사례들이 있다.

자극을 주고받는 이러한 체계는 어떤 결과를 초래하는가? 공공 비용의 상승과 타협 속에서 수많은 왜곡들이 일어난다.

정책 시장에 대한 정보의 문제는 선거 절차에 관계하고 있는 사람에게도 역시 중요하다. 그는 불행하지만 거의 지탄의 대상은 되지 못한다. 왜냐하면 보통의 유권자는 공공 비용에 관한 결정에 있어서 극히 일부분에만 참여하기 때문이다. 이유가 뭘까? 그가 어리석거나 이해심이 없기 때문이 아니다. 이보다 훨씬 단순한 이유인데, 이러한 의문점들에 대해서 얻을 수 있는 지식으로는 자신의 개인적 상황이 분명하게 영향을 받지 않는 이상 그에 대한 정보를 수집하려는 의지가 전혀 없기 때문이다. 이러한 의문을 명백하게 제시하기 위해 집안의 예를 하나 들어 볼게.

새 자동차를 샀을 때(물론 한참 지난 일이라고 너는 말할 것이다. 우리 집 고물차가 오래 전에 폐기 상태에 이르렀으니까 말이다) 우리는 감격해서 수많은 영업소를 찾아갔고, 성능을 살폈고, 친구들에게 조언을 듣는 등 난리 법석을 떨었다. 제도의 변화를 가정해 보자. 즉 앞으로는 5년마다 자동차를 바꿀 수 있고, 이 자동차의 선택권을 우리가 직접 가지고 있지 않다는 가정이다. 그리고 우리 집에 잘 어울리는 자동차로 우리가 푸조를 사야 할지, 르노를 사야 할지를 결정하는 존재가 해박한 지식을 보유하고 있는 정부라고 치자. 이때 우리의 정성이 실제적인 결정에 아무런 영향을 끼치지 않으리라는 것을 너무나 잘 알면서도, 우리가 많은 에너지와 노력·시간을 들여 자동차들의 특징들을 살필 것이라고 생각하니?

이 사례가 정책 시장과 무슨 관계가 있을까? 유권자와 정부의 관계는 마치 자신의 선택 없이 자동차를 사는 것과 매우 흡사하다. 자신이 던진 한 표가 선거, 혹은 몇 가지 조치들과 비용의 개선에 실제적으로 아무런 영향을 끼치지 않는다는 것이다. 정보를 수집하고자 하는 의욕을 불러일으킬 수 있는 혜택이라는 것이 너무나 미비해서, 유권자는 정보 수집에 드는 비용(시간, 노력)들을 당연하게 받아들이지 못한다. 자동차 한 대를 구입하기로 결정하기 위해 정보 수집에 많은 시간을 들이는 사람들이라 하더라도, 자신의 표를 결정하기 위한 적절한 방식이 무얼까 하는 고민에 대해서는 지극히 적은 시간과 노력만을 쏟게 될 것이다. 선거 체계와 공공 정책을 결정하는 과정의 효율성은 이런 양상을 띨 것이다.

정보에 대한 또 다른 문제는 '납세의 환상' 이다. 무슨 뜻일까? 시민들이 공공 재화와 용역의 비용에 대해서는 거의 모른다는 것이다. 일반적으로 이러한 것들은 거의 과소 평가된다.

만일 아빠가 너의 환상이 자라고 있는 캘리포니아의 예를 든다면, 몇 년 전에 겪은 실제 경험은 부분적으로 잡아둔 지출 비용들이 이따금씩 어떤 한 요소 때문에 3분의 2로 줄어들었다는 사실을 알려 주었다! 이러한 계획들에서 느껴지는 비용은 실제 비용보다 훨씬 적기 때문에, 공공 재화와 용역에 대한 요구는 납세의 환상이 없을 때보다도 더욱 높아지게 된다.

퍼블릭 초이스의 주장대로, 정치-관리 시장에서의 요구와 마찬가지로 공급에서도 정부의 지출과 그것을 마련하기 위한 비뚤어진 타협들을 가중시키는 방향으로 몰고 가는 힘들이 있다는 것을 너는 알고 있다.

그렇다면 이 과정은 끝이 없는가? 경제 성장을 지연시키고, 게다가 후퇴시키는 메커니즘이 존재하고 있는가? 사람들은 그렇다고 생각할지도 모른다. 공동체에 드는 비용이 아주 높아지는 순간부터(강압적인 조세가 주는——세금과 국세 같은—— '피할 수 없는' 압력들, 뚜렷한 왜곡들), 사람들은 정책은 물론 납세자들에 대해서도 동시에 장점과 단점에 대한 생각이 잘못 흘러가고 있다고 여길 수 있다. 이때 유권자들은 흐름을 역전시키고, 정부의 초과 지출과 일탈을 정정하기 위해 정치가들에게 의존한다. 그러나 현대 민주주의의 경험상 이러한 역전이 얼마나 많이 곳곳에 잠복해 있는가를 알 수 있다…….

이러한 질문들을 마무리하려니 매우 조심스러워진다. 네 피가 끓어오르기 시작했음을 이 아빠가 느낄 수 있기 때문이다. 정부 기능에 접근하는 이러한 방식이, 어떤 식으로든 윈스턴 처칠에 의해 대중화된 '다른 모든 체제를 제외한 것들 중 가장 나쁜 것'이라는 표현으로 민주주의를 고발하고 있음을 뜻하는 것은 아니다.

너는 아빠가 한 번 더 주장하기를, 게다가 반복하기를 바라지는 않을 것이다. 그러나 **분석의 방법**만큼은 중요하다. 여기에서는 이 방법을 현실에 충실한, 그리고 완벽한 재현 사진처럼 생각해서는 안 된다. 그것은 하나의 이론에 불과하지만, 네가 지금 마음속으로 인정하는 것처럼 만일 이론이 없다면 우리는 비참하고 무지한 인간이 되지 않을까? 비록 충분하게 다듬어지지 않았다 해도, 단순하고 확실한 원리들을 제공하는 하나의 이론은 정치·행정적 과정들을 밝혀 준다. (퍼블릭 초이스학파에 속한 이들은 더 나아가 자신들의 연구를 선거의 동기, 이익 집단들의 기능과 집단 행동, 기관들의 조정, 합법적인 기능, 사법 시스템, 관리들, 헌법의 효율성 등과 같은 영역들로 심화·발전시켰다.) 이 이론은 제도적이고 사회적인 체제, '사회적 최적 상태'를 나타낼 수 있는 체제에 이르는 수많은 해답을 제시한다. 이 방법론은 그렇기 때문에 정부와 그 역할의 비난이나, 그들의 정치색이 어떻건 정부에 봉사하는 사람들이나 관리자들에 대한 비난, 그리고 자신들을 위해 결정을 내리도록 영향을 주려는 서로 다른 사회 단체들에 대한 비난으로 해석되어서는 안 된다. 아니, 경제학자는 판사가 아니다. 그는 그저 인간 행위에 대한 제도적 구속과 자극을 이해하려고, 그리고 표본과 금기 혹은 희생양을 최소화시켜 논리적으로 타당한 결론을 끌어내려고 노력할 뿐이다. 간단히 말해서 나의 쓸데없는 말을 용서해 달라는 것이다. 경제학자가 실증경제학에 속할 때, 그는 판단보다는 설명과 이해에 힘쓴다.

자, 이제는 네가 결혼하게 되는 이유를 설명할 차례다……

17
결혼에 대한 경제학적 이론
사랑, 여전히 사랑 때문이다

그래, 네가 결혼하게 되는 이유 말이다. 사랑? 물론 사랑 때문이지. 경제 기관에 속해 있는 이 이상한 사람들을 제외하고는 이러한 사실이 너에게 그리 충격적이지는 않을 것이다. 그러나 경제 기관에 속한 이들은 온갖 해석이 가능한 이런 모호하고 주관적인 개념에 만족하지 않는다. 낭만적이란 점에서는 동의한다. 그러나 모호한 것은 아니다. 경제학자라는 사회과학자는 인간 행동에 대한 엄격하고 논리적인 설명만을 출발점으로 삼는다. 다른 분야에서 그런 것처럼 사랑에서도 마찬가지이다! 그렇기 때문에 미래의 결혼에 관해 내 딸에게 필요한 이야기를 하려는 것이다……

만일 네가 결혼하게 된다면, 소위 결혼이라는 제도가 네가 독신으로 있을 때 얻게 되는 것을 훨씬 능가하는 만족에 이를 수 있게 하기 때문이다. 그건 아주 자연스러운 일일 것이라고

이 아빠는 장담한다. 아니, 자연스럽다고 하기보다는 명백하
다고 할 수 있겠다. 그 다음 이야기를 기대해라. 너의 친구들
이 그러한 것처럼 너의 만족은 단지 옷이나 오디오, 다른 액세
서리같이 시장에서 구입할 수 있는 재화와 용역에만 달려 있
는 것이 아니라 가정이 '생산해 내는' 재화와 용역들에도 달려
있는 것이다. 의심의 여지없이 가정은 한계 생산성(3장의 카페
종업원들의 이야기로 잠깐 되돌아가 보렴)이라는 옷으로 치장
한 '생산 요소들'과, 그 작용과 통제에 드는 '비용'을 보유하
고 '결혼이라는 시장'의 '경쟁력'에 맞서게 하여 '생산 활동'
에 이르게 되는 하나의 '기업'이기 때문이다! 네 얼굴이 파랗
게 질리고 있구나. 안심해라. 아빠는 매우 진지하단다. 놀란 가
슴을 진정시키기 위해 작은 사탕이라도 줄까?

　그리하여 부부는(그리고 가끔은 아이들도 포함된다. 그러나
이건 너무 가혹하다……) 가정이라는 기업의 중심에서 가족의
재화와 용역을 만들어 내는 생산 활동의 요소들인 것이다. 여
기서 말하는 재화는 어떤 것일까? 물론 맛있고 소박한 음식
들과 말끔하게 세탁되고 다림질된 옷들일 테지만 특히 즐거
운 기분(가끔 아빠는 그런 기분을 느낀다……), 문화적인 활동,
기분을 전환할 수 있는 활동, 스포츠나 다른 것들도 말한다.
그러나 무엇보다도 부부에게 있어서는 사랑에 이를 수 있는
성 관계일 것이다. (이제 좀 안심이 되었으리라고 생각한다.) 그
리고 마지막으로 중요한 아이들이 있다. 분명 이와 같은 가정
의 생산 활동 가운데 어떤 것들은 다른 시장들(식당, 세탁소,
가정부 같은)에서, 기술(식기 세척기나 세탁기 같은 가사 노동을
돕는 기계들)을 통해서, 혹은 일시적인 성 관계나 애정 관계로,

게다가 입양(여기에서의 결혼은 그들이 합법적으로 결혼을 했건 안했건간에, 그 당사자들이 함께 살고 있는 것을 뜻한다)을 통해서 얻어질 수도 있다. 그러나 가정 안에서 이루어지는 것처럼 여기에 드는 '비용'과 얻어지는 '결실'이 항상 흥미로운 것은 아니다. 어쨌든 아이들을 구입하는 것은 어려운 일이다. 남자와 여자가 자신들의 이 '생산물'에서 이점을 얻고자 한다면, 그들 스스로가 아이들을 '만들어야'만 한다. 아마도 결혼의 동기 중에서 아이를 갖고자 하는 욕구의 근본적인 역할은 여기에서 비롯되는 것인지도 모른다. 경제학자와 네가 일치하는 것이 감정적으로나 육체적으로 호감을 느껴야 한다는 것임을 잊지 말아라. 계속해 볼까?

결혼을 하려면, 그렇기 때문에 이 결합의 (기대된) '장점들'이 '비용'보다 훨씬 우위에 있어야 한다는 것을 인정해야 한다. 그렇지 않다면 무슨 의미가 있겠니? 이처럼 가정이라는 '생산 체계'를 만든다는 결정은 '결합'함으로써 생겨나게 되는 수입과 남자와 여자가 노동 시장에서 얻을 수 있는 각자 수입의 격차, 각자가 지니고 있는 인적 자원(교육, 지성, 신장, 아름다움, 건강 등)에 달려 있게 될 것이다. 일반적으로 네 상대자는 수입이 높기 때문에(사샤 기트리라는 천성적인 여성혐오가의 또 다른 격언: "당신에게 자기들은 돈 때문이 아니라고, 또 당신의 돈은 한푼도 필요 없다고 말하는 여자들이 있다! 당신을 망치게 하는 여자들은 보통 이런 여자들이다"), 그가 받는 봉급이 네가 받을 수 있는 봉급에 비해 더 많기 때문에, 또한 너만큼 똑똑하고 교육을 받았기 때문에, 그리고 그의 신체 조건이 소름끼칠 정도로 완벽하기 때문에 네 인생에서 가장 중요한 사람이 될 것이다. 반대로 고용주가 네게 지불하는 봉급이 많을수록, 결혼에 매달리고픈 마음은 적어지게 된다. 결혼에 이름으로써 얻게 되는 이점들이 거기에 드는 비용에 비해 더 중요해질수록(행정적인 비용들과 네 부모들과 친구들 모두를 접대하는 데 드는 비용들, 그러나 특히 결혼이라는 시장에서 이상적인 남자를 찾는 데 드는 비용을 뜻한다. 즉 시간과 에너지·돈이 많이 든다는 이야기다), 너와 너를 부추기는 사람들에게는 결혼하려는 경향이 더 많아진다. 또 하나 중요한 것은 결합한 사람들의 '경제적 특성들'을 보충하는 것, 다시 말해 가정 '관리'라는 분야에 있어서 그들에게 있는 보충적인 자질들이다. 이러한 보충적 자질은 부부의 행동과 목적을 통해서 그 모호성이 줄어든다. 특히 '양질'(어떤 느낌이 드니?)의 아이들을 '만드는' 과정과 거기에 드는 비용면에서 그렇다. 그리고 이 모든 것은 방정식이나 최대화라는 수학적인 기술, 매우 정교하게 경험된 교육(사람들이 계량경제학이라고 부르는 것이 이 이론적 모델들을 규정한다)이라는 한 세트의 도구로 분석된다. 그래, 맞다. 경제학자들에게 있어서 인생은 이런 것이다. 네 엄마가 이 사실을 알았더라면 얼마나 좋았을까!

그렇다면 사랑, 여전히 사랑 때문일까? 결혼에 대한 이 이론은 사랑의 중요성을 부정하지는 않는다. 이미 말했던 것처럼, 그것은 남자와 여자라는 생산 과정의 두 인자들과 함께 '생산성'의 여러 요소들 가운데 하나이다. 또 이것은 결합을 조절하는 데 드는 비용들을 줄이기도 한다. 일반적으로 사랑은 지속적인 결혼에서 더 강화된다. 이 경우 사랑이 가정의 생산 작용에서 생겨난 제품들 가운데 하나가 된다는 뜻이다. (콕토라면 이렇게 말했을 것이다. "사랑이 없다면 사랑의 표현만 남는다.")

자, 그래서 네가 결혼했다고 치자. 그렇다면 네 결혼의 여신은 어떻게 움직일까? 우리가 보아 온 것처럼 그 활동은 아주 자연스럽게 부부에 의해, 그리고 많은 날들이 지난 후에는 아이들에 의해 나누어지게 된다. 가정이라는 이름의 기업과 같은 방식으로 이루어질 것이다. 그리고 그 활동에 드는 비용은 최소화하면서 생산은 최대화하기 위해, 각 개인은 자신의 생산성이 가장 높아지는 역할들에서 전문인이 될 것이다. (국제 무역의 이점과 비교 우위설에 관해 다룬 13장을 기억하렴. 그 부분은 존재하는 모든 영역에, 특히 가정 내에서의 활동 분배에 적용된다——그렇다고 아빠가 여자들이 항상 주방에 관한 영역에서 상대적으로 이점을 지니고 있다는 바를 뜻하는 것은 아니다!) 그리고 마치 하나의 기업처럼, 엄밀히 말해 결혼이라는 시장이 되었건 경제라는 시장이 되었건 시장 상황에 적응해야 할 것이다. 비용과 이익의 작용에서 가정은 자신의 활동을 변화시킬 것이다. 그 예로 이 놀라운 기계의 비용이 낮아지는 순간에 설거지를 손으로 하는 일종의 노예 같은 생활을 그만두기 위해 식기 세척기를 사는(결국은 말이다!) 것을 들 수 있다. (자본과 노동의 대치는 유효한 것이 되고 있다.) 몇 년 전부터 시장 상황들이 아이들의 생산 활동에 관한 측면에서 많이 달라졌다. 아빠는 네게 결혼의 중요한 목적 가운데 하나가 자식을 '만들어 내는 것'이라는 바를, 그리고 되도록 '양질의' 제품을 만드는 것이라고 설명한 바 있다. 소비자가 성능이 우수한 비싼 텔레비전 한 대를 자기 집의 방방에 놓여 있는 값싼 텔레비전으로 바꾸는 것과 아주 흡사하게, 부모들은 아이들의 수와 질을 선택할 수 있다. 아빠가 현명한 선택을 한 것일까? 텔레비전에 관해서는 이렇게 생각한다……. 자, 자, 침착해지렴. 이것은 여전히 이론일 뿐이니까 말이다. 네가 한계에 이른 것 같구나. 더 나쁜 것은 그래도 아빠가 계속해서 밀고 나갈 것이라는 사실이다.

아이들에 관한 결정은 누가 내리는가? 정말로 중요한 문제처럼 보이는 것은 노동 시장에서 여성들이 받는 임금이다. 이 임금이 증가하면, 결혼한 여성들은 가사 노동보다는 경제 활동에 더 많은 투자를 하고 싶어할 것이다. 자녀를 양육하는 일이 시간을 요하기 때문에, 결혼한 여자의 시간이라는 가치가 중요해질 때(즉 노동 시장에서 받을 수 있는, 흔히 '기회 비용'이라고 부르는 임금이 늘어날 때를 말한다) 아이에게 드는 비용은 늘어난다——그리고 여자들은 결혼하지 않고 일하려는 경향이 늘어나고, 아이를 가지려는 추세는 줄어든다. 반대로 거의 발전되지 않았던 농업 경제에서, 아이는 농업 생산 활동과 가족 수입에 기여하는 '자본'을 이루는 것으로 고려될 수 있었다. 이때는 아이들을 많이 낳는 것이 이익이었다. 우리가 살고 있는 산업화 경제에서, 아이를 양육하기 위한 기회 비용의 증가와 (지방에 비해) 도시 거주에 드는 비용 같은 것들의 확대는 자녀의 수를 축소시키도록 한다. 간단히 말해, 아이를 적게 '만들면서' '양질의'(양호한 건강 상태에서 잘 길러지고, 교육을 받는 등…… 바로 너처럼 말이다!) 아이들로 키우려는 데에는 경제적으로 타당한 이유들이 있다. 이러한 사실은 부분적이기는 하지만 낮은 출생률과 젊은이들에게 오랜 기간 교육시키고픈 욕구를 설명해 준다. 너라는 존재가 어떻게 이루어졌는지 알겠니? 너는 구사일생으로 태어난 것이다.

이제 결혼에 관한 모든 것을, 결혼이라는 서사시에서 널 기다리고 있는 것이 무엇인지를 알았으니, 아빠가 불길한 사람이 되고 싶지는 않구나. 하지만 끝까지 다 알려면 이혼을 하게 되는 '기회'가 어떤 것인지도 알아야만 한다! 원기왕성한 경제학자라면 늪지대를 탐험할는지도 모르기 때문이다.

결혼처럼 이혼과 관련된 결정들도 경솔하게 내려져서는 안된다. 결혼 생활에서 일어날 수 있는 뜻하지 않은 사건들을 생각하게 되는 남자 혹은 여자는 이러한 결합의 가치에 관해서, 그들이 만들어 낼 수 있는 재화와 용역을 어떻게 구성할까에 관해서, 이 결합이 함축하는 가족의 활동에 관해서 여러 가지 기대를 하게 된다. 비록 이 기대들이 자주 암묵적이기는 해도 말이다. 마찬가지로 남자 혹은 여자는 헤어지게 되는 위기에 대해, 그리고 거기에 드는 비용과 그 결과에 대해 몇 가지 생각을 지닌다. 자기들이 바라는 이점들이 헤어질 경우에 일어날 수 있는 손실보다 더 우세할 때 결혼이 결정된다. 그러면 나팔을 불어라. 시간이 흐르면서 이 행복한 부부는 자기들이 이혼하게 될 경우 생각해 볼 수 있는 대안에 관한 정보를 얻게 된다. 어떤 대안이느냐고? 다른 누군가와의 관계 같은 것이다. (이러한 정보는 가끔 결혼 기간중에 직접 얻어지기도 한다 ……. 아빠가 무슨 말을 하고 싶어하는지 알겠니? 이것은 어떤 친구들을 결혼이 아닌 관계에 대한 경제학적 이론에 관한 현명한 연구에 뛰어들도록 자극한다…….) 예를 들어 아이들에게 헌신적이었기 때문에 자신을 개발하거나 직업을 갖지 못했던 여자에게 있어서, 시장에 참여할 수 있는 '기회'는 시간이 흐르면서 달라진다. 이러한 정보를 알고 있는 부부(혹은 두 사람 가운데 한 사람)는 결혼 생활을 유지할지, 혹은 헤어질지를 결정한다. 이러한 유형의 분석과 결정은 주기적으로 재발될 수 있다. 세상에, 경제학자들이 속한 세상은 도대체 어떤 세상이란 말인가! 계속해 보자. 부부들이 이혼을 가능한 것으로 판단한다면, 가족이라는 생산 활동 단위에 국한된 '특수한' 재화와 용역 제조에 투자하는 것을 그들은 망설이게 된다. 그렇다면 가장 분명한 이 '특수한' 생산물이란 무엇인가? 아이들이다. 그리고 여자에게는 외부 활동보다는 가사의 임무들이다. 이것은 노동 시장에 여자들이 많이 참여할 수 있도록 하고, 출생률을 낮추도록 한다.

결혼의 불안정성에 관계된 이 분석의 주된 교훈이 뭐냐고? 부부가 헤어질 수 있는 위험은, 남성의 기대 수입과 여성의 의존도가 높을수록 훨씬 약해진다는 것이다. 하지만 여성이 바라는 수입이 남성의 수입보다 점점 더 중요해질수록 이혼의 가능성은 더 높아진다. (또 일시적으로는 재혼 가능성도 더 낮아진다.) 남자의 희망 수입과 실제로 그가 받는 수입 사이의 큰 차이가 이혼의 위험을 증가시킨다. (물론 이 차이가 부정적인 의미라면 말이다.) 왜냐고? 가장 훌륭한 남자와 결혼을 했던, 가장 형편 없는 남자와 결혼을 했던 여자는 다른 사람과 결혼했을 때보다 더 많은 수입이 들어오기를 바라기 때문이다. 애정의 세계에서 선물이란 없다! 새로 결혼한 사람들이 나이가 많을수록 그들이 이혼의 위험에 처하는 일은 점점 줄어든다. (여기에서의 교훈은 결혼 전에 시간을 가지라는 것이다.) 특정 자본이 중요해질수록, 즉 예를 들어 어린아이들이 많을수록 이혼은 적어지게 된다. 이런 등등이다. 사랑이 맹목적인 것일까? 하지만 경제학자에게는 아니다.

　너의 신경이 과민한 반응을 나타내기 전에 이쯤에서 멈추련다. 이러한 분석의 핵심과 그 결과들을 포착했으리라 믿는다. 네가 반응하도록 나는 기꺼이 자극적인 방식으로 이러한 분석을 제시했다. (네 반응이 일어났다면 다행이다.) 이에 대해 어떤 생각을 해야 할까?

　우선 이 분야의 연구를 처음 시작한 시카고대학교의 게리 베커라는 교수는, 독창적이고 재능이 뛰어나며 창조력을 갖춘 경제학자이다. (사실 그는 1992년에 노벨 경제학상을 수상하기도 했다.) 경제학을 시작했을 때, 오로지 경제에 관해서만이 아니라 전체적인 사회 현상들에 더 많은 관심을 가지고 있던 그는, 자신의 분야가 너무 협소하고 심지어는 지겹게 느껴지기까지 했다. 그러나 사회학을 접한 후, 그는 너무나 실망해서 경제학에 대한 최초의 사랑으로 되돌아오게 되었고, 사회학은 그에게 엄격함과 논리를 불어넣어 주었다. (그래! 바로 그거다. 내 배후에는 모든 사회학자들이 있다.) 여기에서 이 경제학자가 가지고 있는 인간에 대한 견해를, 다시 말해 구속받는 개인의 선택에 기초하는 견해를 사회의 커다란 문제들에 적용하겠다는 의도가 생겨났다. 그때까지 이 문제들은 사회학자나 심리학자·정치학자들에 의해서만 연구되어 왔었다.

　두번째 교훈은 이성을 유지해야 한다는 것이다. 게리 베커에게 있어서 "인문학의 다른 이론들과 경제학을 가장 잘 구별시키는 것, 그것은 분석의 주체가 아니라 방법이다." 분명 그렇다. 매번 아빠에게는 이론의 '해골들'(게리가 개인적으로 사용한 용어이다)만을 제시하는 분석의 유형에 대해 사람들이 지나치게 많은 말을 하려는 것처럼 보인다. 게다가 몇몇 경제학자들은 그의 연구를 '호두 한 알을 까기 위해 두 손으로 망치를 사용하는 것'에 비유하면서 이 학파에 거세게 반발하였다. 그들 가운데 한 사람은 세계에서 가장 뛰어난 경제 잡지들 중의 하나에 〈양치질의 경제학〉이라는 제목의 패러디 논문을 발표하기에 이르렀다. 이 논문의 중심 내용은 무엇이었을까? 개인들은 자기들의 수입을 극대화할 수 있는 최적의 양치질을 선택한다는 것이다. 이 방식은 카페 종업원들과 대학 교수들에게 적용되었는데…… 치아의 미백과 상큼한 호흡이 그들의 진급에 근본적인 요소라는 것이다. (송곳니 닦는 일에 아빠가 몹시 광적으로 집착한다는 것을 이제서야 알았겠구나!) 이 논문은 처음부터 끝까지 경제학 교수들에게 중요한 방법론과 요지들로 이루어진 많은 공식과 농담으로(게다가 나쁜 버릇들까지 포함하여) 구성되었다. 그리고 여기에 영향을 주는 경험적인 실험들도 포함되었다. 우스운 일이지! 또한 이 방법이 '머리빗기, 손닦기, 손톱자르기만큼이나 중요한 문제들에' 적용될 수 있다는 것도 빼먹지 않고 언급했다. 이미 그럴 정도로 경제학자들 스스로가 신뢰받지 못함을 자각하고 있었다…….

이러한 비판에도 불구하고 우리의 학자는 자기 방법의 엄격성과 일관성을 선호하여, 경제적 문제들로 일반적으로 더 모호하고 항상 논리적이지만은 않은 다른 사회과학의 문제들을 다루게 되었다. (그가 겨냥한 동료들의 비명 소리가 들리니?) 그러므로 방법론적 개인주의를 또다시 비난하는 것은 문제가 아니다. 결혼의 유형들과 그것을 둘러싼 모든 것들——종교적 계

율에 대한 언급이 아닌 이혼, 가족, 성인, 페미니즘(말 그대로)
——이 이보다 더 풍부해지지 않을 것이기 때문에 이 용어들
은 신중하게 사용되어야 할 것이다. 의심할 바 없이 문제의 이
론들이 자주 빛을 발하고, 분명한 사실이기 때문이며, 품위와
심지어는 반박의 여지가 없는 수학적인 미학을 지니기 때문이
다. (그래! 네가 이러한 미학의 형태를 감지하지 못한다는 것은
애석한 일이다.) 그들의 '현실주의'를 문제삼는 것은 더 이상
중요하지 않다. 사람들이 하나의 이론을 판단하는 것은 이 기
준에 의한 것이 아니기 때문이다. (기억이 가물가물한 2장을 다
시 한 번 훑어보렴.) 오히려 법적인 구속, 사회적 혹은 '가족 기
업' 외부에 있는 다양한 규범들 같은 요인들을 소개하면서 이
론이라는 해골에 살과 피를 덧붙이는 것이 훨씬 중요하다. 더
나아가 경제 기관의 용기 있는 말단 직원들이 연구에 착수하기
시작하는 것은 이러한 방식을 통해서이다.

　간단히 말해서 만일 그들이 독창적인 빛을 던진다면, 비록
이 빛이 이러한 문제들에 대해 부분적으로, 심지어 충격적으
로 보인다 해도 이 모델들은 여전히 그들의 첫걸음들에 영향
을 끼치게 된다. 때때로 다소 '혁신적인' 그들의 경향은 여기
에서 비롯된다. 하지만 그들은 놀라운 연구 영역을 개척하는
것이다. 그리고 너는 무엇보다도 남편에게 속아 넘어가지 않
기 위해서, 그리고 경제적 분석이라는 놀라운 힘을 더 잘 간
파하는 능력을 지니기 위해서 이 영역을 알아야 한다. 경제학
자들이 흔히 생각지 못하는 또 다른 불길한 영역의 굽이굽이
를 아빠와 함께 가기 위해서 말이다. 즉 이것은 범죄의 영역
이다.

18
범죄에 대한 경제학
열차의 이방인

사회학자들과 심리학자·정치학자들에게 분개했다면, 일시적인 대책도 없이 범죄학자들과 법학자들에게도 여전히 그럴 것이고, 인류학자는 왜 아니겠는가? 이러한 분야들은 범죄에 관한 설명들, 그리고 이 범죄를 없애기 위한 대책들을 독점한다. 지겨운 일이 아닌가! 이제부터 경제학자가 이들의 화단을 걷게 될 것이다. 잘 포장된 도로는 범죄에 관한 전문 분야들 속에 있었고, 이 분야들은 대부분의 시간 동안 인식하지 못한 채 경제학적 방식을 거부하고 있다. 그들에 의한다면 이 경제학적 방식은 '헤아릴 수 없는 것을 헤아리려'는 것이고, 법학자들에게 있어서는 '법률적 진실의 한계를 벗어나려'는 것이 된다! (법학자로 있는 내 친구들이 나의 이 뻔뻔함과 불경스런 생각을 용서했으면 한다. 그러나 위대한 라블레가 그들을 '해설자, 굴뚝청소부, 십일조로 산 송아지'로 다루면서, 법복을 입은 이들의 선배들을 향해 쏘았던 화살을 그들에게 상기시키는 작은 즐거움을 저버릴 수는 없다. 몽테뉴의 '경멸스런 재판관'을 언급하지 않더라도 말이다!)

경제학의 이러한 불법 개입이 생기기 전까지, 경범죄를 설명하는 이유들은 흔히 학문적이고 정치적인 방식으로 제기되었다. 때때로 그에 대한 탐조등은 장소(가족, 거주지, 학교, 교육 같은)에 집중되었다. 그렇지 않을 경우에는 각 개인의 유전과 생물학적 인자들에 집중되었다. 그러나 또 다른 경우들에서, 우리는 실업과 수입의 불균형으로 인해 생겨난 경제적·사회적 '불만'을 떠올릴 수 있다.

만일 경제학자가 이러한 요소들이 행사할 수 있는 영향력을 부정하지 않는다면, 그는 자신의 방식을 더욱 구조적으로 만들고 싶을 것이다. 마치 결혼에 대하여 '설명'했을 때처럼 말이다. 더군다나 더욱 유리하고 유용한 결과들을 만들면서 말이다. 그에게 있어서 일탈 행위들(네가 제일 좋아하는 경제학자가 이따금 핑계를 대고 저지르는 주차 금지의 위반 행위에서부터 세금 횡령, 강도, 사람들에게 가하는 폭력, 마약과 그와 비슷한 다른 짓거리들을 포함해 가장 비열한 살인에 이르기까지)은 장소나 유전적 요인에 의해 주로, 그것도 결정적으로 미리 정해지는 것은 아니다. 이러한 행위들은 사회 제도와 온갖 종류의 자극들 사이의 상호 작용에서, 또 그 속에서 살고 있는 개인들의 논리적인 선택에 의해 발생된다. 분명 오락적 쾌락을 위해, 더 나아가 러시안 룰렛에 운명을 걸기 위해 행동하는 대단한 모험가들이 있다는 것, 그리고 어떠한(정말로 그럴까?) 자극도 그들이 선택한 길을 돌릴 수는 없으리라는 것을 부정하는 것은 아무런 문제가 되지 않는다. 마찬가지로 자신들의 행위 결과를 전혀 깨닫지 못하는 '무책임한' 경범죄인들도 존재한다. 하지만 그들이 큰 집단이든 작은 집단이든 엄청난 경범죄 집단을 만들어 냈다고 어떻게 확신하겠는가? 어쨌든 이것은 공식에만 매달리는 경제학 교수들이 지닌 견해는 아니다. 바람과 늪지대 반대편에서 그들은 자신들의 견해를 고수한다. 그리하여 이 사실이 모든 사람들에게 만족스럽지 않다 해도 우리는 그리로 향할 것이다, 얘야!

애덤 스미스(여전히 그이다)와 제러미 벤담(또 다른 영국인으로 공리주의의 아버지이다——'최대 다수의 최대 행복'이라는 연구를 하였다——그러나 이 영국인은 1792년 입법의회가 '프랑스 시민'이라는 칭호를 부여했기 때문에 우리의 자랑스런 혁명 단원에 가깝다), 이 위대한 인물들은 2백 년 전 범죄에 관심을 가졌다. 하지만 현대 경제학 분석이 이러한 문제로 되돌아온 것은 1960년대말경에 이르러서였다. 이 익명의 땅을 개척한 이는 누굴까? 추측해 보렴. 물론 게리 베커이다. 그를 뒤이어 새로운 지식인들의 행렬이 이어졌다. 이러한 분석의 방법론적 출발점은 무엇일까? 내가 너에게 그 기초를 상기시켰던, 그리고 어떠한 모호함도 너를 피해 갈 수 없는 방법론적 개인주의이다. 나는 이 장의 주제와 관련된 가장 구체적이고 함축된 의미를 너에게 제시하고자 한다. 즉 범죄자들도 모두 같은 인간에 속하고(비록 몇몇 경우에는 주저되지만……), 이러한 점에서 그들은 몇 가지 특수한 행위들을 일으키는 자극(이점들과 단점들, '혜택들'과 광범위한 의미의 '비용들')에 민감할 뿐이다. 만일 불법 행위가 저질러질 경우 범죄는 기대된 화폐 수입, 혹은 여타의 수입과 합법적으로 얻을 수 있는 대가성 이익, 부딪치게 될 위험, 처벌받게 될 위험, 일어날 수 있는 고통의 유형과 그 가혹함, 이런 종류의 행위를 할 수 있는 잠재적인 경범의 '취향'(혹은 '혐오감') 등에 의해 일어난다. 여기에서의 경범의 취향(혹은 혐오감)은 도덕적·사회적 가치와 폭력에 대한 독특한 경향, 위험에 대한 선호도의 결합에 달려 있다. 이 시장에서 '수요'(잠깐, 이것은 더 많은 범죄의 요구가 아니라 더 적은 범죄의 요구를 뜻한다!)는 크고 작은 범죄를 상대로 스스로를 방어하려는 집단 내의 다른 사람들에게서 온다. 우리는 이처럼 불법 행위들을 상대로 싸우기 위해 한 집단이 열중하는 조처들과 서로 다른 방식들(정부와 다른 사적 방어들을 통해)에 의존하고 있는 경범죄 시장의 균형에 이르게 된다. 분석의 목적은 당연히 범죄를 상대로 하는 '최적의' 정책을 더 잘 이해하고 더 잘 규정하는 것이다. 너는 이것이 광범위하고 격렬한 논쟁이라는 의심을 갖게 될 것이다.

경제학자에게 방법은 명백하다. 이 분야의 정책은 범죄에 대한 방편들(경찰, 법관, 감옥 등)을 '엄청나게' 증가시키고, 원하는 목적에 이르기 위해 이러한 것들을 효과적으로 사용해야 할 의무가 있다. 만일 사회가 질서 유지를 위한 것에 모든 재원을 쏟는다면, 범죄 발생률은 거의 제로에 가까워질 것이다. 하지만 이 집단에게는 대단한 비용이다! (실제 비용, 즉 기회비용은 이 재원들이 생산적인 활동에 투자될 때 창출될 수 있는 부와 일치하는 비용이다.) 그러므로 안정과 질서 유지 활동에 이용되는 조처들이 어느만큼 증가되었을 때 '최적'인가를 결정해야 한다. 왜냐하면 그 정도의 증가가 범죄의 '최적' 수준을 뜻하기 때문이다. 보아라, 아주 간단하다고 말하지 않았니!

자, 이제는 우리가 불법 행위들과 맞서는 가장 좋은 방법에 관한 몇 가지 의문을 제기해야 할 것이다. 우선 붙잡히고 벌받을 위험이 범죄를 막으려는 기관에서 당하는 신속하고도 가혹한 고통보다 더 중요할까? 예를 들면 자주 체포하여 가벼운 벌을 주는 것이 더 정당한가, 아니면 그보다 뜸하게 체포하여 보다 무거운 벌을 주는 것이 더 정당한가? 벌은 일정하게 적용되어야 하는가, 아니면 경범죄의 유형에 따라 그리고/혹은 일탈의 범죄 기록에 따라 달라져야만 하는가?

그 다음은 가장 효과적인 방법들이 무엇인가에 관한 의문이다. 벌금, 출입할 수 있는 감옥, 범죄의 원인이 되었던 요인의 치유(이것이 가능할 경우), 혹은 전혀 다른 중재의 방식인가? (이에 따라 영국 10대 소녀들의 우상인 에릭 칸토나라는 지중해 성향이 매우 짙은 축구 선수에게 영국 변두리의 어린 축구 선수들을 가르치라는 명령이 내려졌다. 그리고 그는 기꺼이 피레네의 연한 양피라도 두르는 것처럼 보인다.)

또 경범죄인들에 대한 억압이나, 그들의 재활에 비해 예방 대책들이 지니는 상대적인 효과는 무엇인가? 네가 인정하게 될 것이지만 여기에 가장 중요한 것이 있다.

그리고 마지막으로 범죄 행위들을 잘 이해하기 위해, 비록 범죄를 상대로 하는 정책적 투쟁의 엄격한 틀에서 벗어난다 할지라도, 합법 행위들과 불법 행위들 사이에 위치하는 개인적인 '선택'에 미치는 가정과 교육, 혹은 사회적 환경과 같은 요소들 각각의 역할은 무엇인가?

그러나 이것이 전부는 아니다. 방법이란 개인적인 측면에서는 효과적이지만, 전체적인 '시장'의 측면에서는 그렇지 않을 수도 있기 때문이다. 왜 이러한 모순이 일어나는가? 마약 시장의 예를 통해 이를 이해할 수 있을 것이다. 체포되어 남에게 해를 끼칠 수 없도록 격리된 마약상들은 다른 사람들로 그들의 자리를 메울 수 있다. 마약 중개인 한 사람을 없앤다고 해도 시장은 아무것도 달라지지 않는다. 잘 알다시피 이런 유형의 대체는 어떤 범주의 경범죄이느냐에 따라 어느 정도 가능하다. 이것은 일반적으로 폭력 범죄 시장에서보다 불분명한 재화와 용역을 파는 이들에게 훨씬 수월하고도 빈번하게 일어난다. 그렇기 때문에 따로 격리(감옥)시키거나 밀매자들을 재활시키려는 방법은, 마약 시장 같은 데서 일어나는 범죄의 전체적 발생에 극히 미미한 효과를 거둘 것이다. 그러나 이 조치들은 폭력 범죄를 감소시킨다는 면에서 더욱 효과적이고 유용한 것으로 입증될 것이다.

죄수들을 행동할 수 없는 상태에 두는 고통은, 당연히 그들을 그렇게 만든 행위들(그리고 원인이 되었던!)을 그만두게 하는 효과를 지닌다. 또한 경범죄를 일으킬 수 있는 사람들에 대해서도 이러한 효과를 생각해 볼 수 있다. 재활 교육을 받고 있는 사람은 확실히 다르다. 이 교육 프로그램 과정중에 있는 사람들의 재발 위험은 줄이지만, 교육 과정 밖에 있는 사람들에게 이 교육 프로그램들이 어떻게 범죄 행위를 그만두게 하는지 우리는 알지 못한다. 그리하여 죄수들이 받을 수 있는 훈련은, 범죄 행위에 관련된 개인에 대한 '대가'를 줄임으로써 몇몇 잠재적인 경범죄인들로 하여금 문제의 행동들을 저지르도록 자극할 수도 있다고 생각해 볼 수 있다. 또 다른 측면으로 재활 교육 없이 투옥시키는 것은, 다른 죄수들과의 접촉을 통한 불법 행위들이 '훈련'되기 때문에 출소할 때 재발을 일으킬 수 있다. 정말 골치 아픈 문제이다.

그 다음에는 보다 일반적인 생각들이 존재한다. 그리하여 집단 전체로 볼 때, 평균 수입이 점점 높아질수록 수입의 분배는 더욱 많아지고, 이 경제학자의 모델은 중요한 범죄의 전반적인 공급을 더 많이 다루게 된다. 교육 제도 역시 '정직함에 대한 선호도'를 키우거나, 불법 행위들로 인한 정신적인 고통을 줄이는 데 기본이 되는 총체적 역할을 실행해야 할 것이다. 그러면 인구의 평균 교육 정도가 전반적인 범죄 발생에 영향을 줄 수 있다. 그러나 결코 이 사실을 잊지는 말아라. 교육 수준이 어느 정도이건 "사람들은 자신의 범죄 때문이라기보다는 자신의 나약함과 허영으로 인해 녹슨다"는 것을 말이다. 이것은 장 드 라 브뤼예르라는 도서관에 있는 너의 **동료**이자 인간 본성의 위대한 **권위자**의 말이다.

이 모든 의문들과 다른 의문들은 경제학자의 경험적이며 이론적인 유형에 따라 다루어진다. 경험주의 학자들은 무엇을 말하는가? (이들은 아빠가 앞장에서 간단하게 설명했던 경제학으로부터 도움을 받은 학자들이다. 관찰된 사실에서 출발한 이 학파는 매우 정교한 통계 자료로 이론의 가설들을 검증한다. 그리고 컴퓨터가 방대한 이 통계 자료들을 저장하고 있기 때문에 연구자들은 이 자료들을 사용하고…… 가끔은 남용하기도 한다. 그러나 이것은 언젠가 너에게 이야기해 줄지도 모를 또 다른 이야기이다.)

큰 범죄이건 작은 범죄이건간에, 이 범죄에 자극을 줄 수 있다는 것을 시사하는 수많은 '반경제학적' 정신이 매우 다양한 경범죄의 상황들에 아주 분명하게 존재하고 있다는 점에 불쾌해하지 말아라. 그것은 특히 강력하게 작용하는 구속의 위험과 그 속에서 당하는 고통의 가혹함으로 나타난다. (자, 아빠가 현대 철학의 길잡이를 부르지 않은 지도 오래 되었구나. 물론 피에르 닥이라는 불빛을 말하려는 것이다. "자신의 변호사가 미덥지 않을 때, 피고는 고통스럽다고들 한다!" 맞는 말이 아닐까?) 경험적 학문에서는 또한 처벌을 받는 경우보다는 습득을 통한 경우에 범죄에서 손을 떼는 효과가 더 크다는 사실이 입증된다. 그리고 구속과 처벌에 대한 두려움이 실제 겪는 고통보다 훨씬 큰 것이 된다. 같은 맥락에서 투옥될 위험이 늘어나는 것은 투옥 기간의 정도보다 의기소침에 더 큰 영향을 주는 것처럼 보인다. 특히 폭력 범죄의 경우에 더욱 그러하다. (투옥 기간이 아무런 충격을 주지 않는다는 바를 뜻하는 것은 아니다.)

이번에는 가장 민감한 영역 가운데 하나이면서 끝없는 논쟁의 원천을 이야기해 보자. 즉 사형의 고통이 아니라 범죄를 경감시키는 효과를 말한다. 유명한 사회학의 연구들이 사형의 고통에는 범죄 경감의 효과가 없다고 확신했었다. 경제학자들이 다루는 범죄는 이들에 대해 이의를 제기했다. 얼마나 거센 비난의 외침이었던가! 그러나 결론에 대한 판단은 내리지 않았지만, 그들은 사회학적 분석이 초기 요소들을 얼마나 소홀히 했는가를 보여 주었다. 이 요소들이란 체포와 처벌에 대한 위험, 사형의 고통이 실제로 일어날 수 있는 '기회들,' 오랜 기간의 투옥에 버금가는 가혹한 고통과 다른 지속적인 자극들을 말한다. 그렇다면 이 위험한 경제학자들의 연구는 무엇을 뜻하는가? 사형의 고통은 실제로 범죄를 경감시킬 수도 있다. 이러한 연구 가운데 가장 유명한 것은 매우 명확하기도 했다. 평균 매년 늘어 가는 모든 사형 집행은 7,8개 살인자 집단의 수가 감소되는 것으로 해석될 수 있다! (미국의 경우이다.) 비록 사람들이 야만스럽다는 이유로 이 모진 고통에 반대한다 하더라도(내 경우에도 그렇다. 그리고 이 간단한 처벌에 대해 얼굴을 찡그리는 것으로 보아 너에게도 아마 그럴 것이다) 생각해 보아야 할 여지가 있다. 사형될 수 있다는 위험이 범죄 감소에 중요한 효과를 일으키는 것처럼 보인다면, 이것은 구속되고 벌을 받는 위험이 사형보다 더 중요하다는 것, 그리고 사형 대신 가장 빈번하게 내려지는 형벌(장기 복역, 더 심하게는 종신형 같은) 역시 범죄 감소라는 중요한 충격을 행사한다는 것을 항상 명시해야만 한다.

　이제 그만 발을 동동 굴러라. 그래, 경제학적인 수많은 이유들과 상관 없는 치정 사건이 상상 속에만 있는 것은 아니다. 이것은 존재한다. 그렇다면 경제학 이론이 이것에 관해서는 아무 할 말이 없는 것일까? 천만에. 경제 분야는 아무리 하찮은 일이라 해도 당황하지 않는다. 경제 분야는 이것을 구체적으로 내보이기 위해 경제학적 모델을 이용해 해명한다. (다소 억지스럽다는 것을 인정하마.) 온갖 방식을 다 동원하여 이러한 사건들로 이익을 채우는 대중 매체의 조악한 제목들 때문에 매우 보편화된 믿음처럼 보이는 것과는 대조적으로 치정의 원인이 범죄에 개입하는 경우는 점점 줄고, 살인 범죄에서도 극히 일부분으로 나타날 뿐이다. 이 분야에서는 그렇다! 그러므로 마음을 넓게 가지고, 비록 완전하게 설명할 수는 없다 해도…… 특히 경제학자가 규명하지 못하는 점이 큰 문제가 안 된다면, 이 불쌍한 경제학자를 용서해 다오.

우리의 여정을 표시하기 위해 간단히 요약해 보자. 어떤 일을 떠들썩하게 벌였으나 그 결과는 지극히 작은 것이 되고 마는 경우처럼, 비록 정도의 다양성은 인정하더라도 모든 연구는 너그러움이야말로 범죄 행위들을 경감시키는 가장 좋은 요소가 될 수 있다는 사실로 수렴된다. 그리고 이것은 수많은 사회학자들이나 범죄학자들의 입장과는 상반된다. 또 사람들이 좋아하기도 하고, 혹은 싫어하기도 하는 이 경제학이 범죄 분야에는 전혀 변화를 주지 못한다는 사실로 요약될 수도 있다. 바로 이런 것이 경제이다. 아빠는 이것이 그다지 낭만적이지 못하다는 것을 알고 있다. 하지만 경범죄를 상대로 싸우는 정책이란 그렇게 될 수밖에 없다. 그렇다고 가능한 가혹하게 처벌하는 것말고는 다른 방법이 전혀 없다는 바를 말하는 것은 아니다. 그건 절대로 아니다.

게다가 이 대단한 대학 교수들은 거기에 그치지 않는다. 예를 들면 그들은 범죄자들이 사용한 기법들에 따르는 억압 장치의 효과 또한 연구했다. 이 장치들은 그들이 맡게 되는 범죄 때문에 드는 경찰 업무와 재판에 필요한 비용의 증가를(그리하여 구속되고 처벌을 받을 수 있는 가능성도) 줄일 수 있다. 옛날 영화에 대해 초보자이긴 해도 너는 〈열차의 이방인〉이라는 앨프레드 히치콕의 뛰어난 작품을 기억해야 할 것이다. 이 영화에서 범죄단은 아주 능숙한 방법을 쓴다. 겉으로 보기에 희생자들과는 아무 관계가 없는, 그들을 살해함으로써 어떤 명확한 이득도 없는 사람들로 하여금 살인을 저지르게 하는 것이다. 그렇게 함으로써 범죄자들을 찾기 위한 논리적인 방법들이("뒤랑, 이 범죄로 이득을 보는 사람이 누구인지 알려 주게") 거의 쓸모없게 될 것이기 때문이다. 그렇다면 아주 미약하다는 것일까? 매우 '교활한' 이 살인들을 없애기 위해서는, 스스로 '더러운 일을' 하는 사람에게 내리는 것보다 이런 종류의 살인자들에게 훨씬 가혹한 고통을 내려야만 한다. 이건 널리 알려진 사실이라네, 웟슨!

또 다른 생각은 성격과 중요성이 서로 다른 범죄들 사이에 대체 혹은 보완의 가능성들이 있다는 것이다. 그 예로 몇 년 전 한 문명 국가에서 취해진 방식들에 따르자면, 무장 강도라는 죄목이 내려진 모든 사람은 무조건 사형된다는 것이다. 분명 가장 손쉬운 방법이다. 효과? 생각해 볼 일이다. 어쨌든 이것은 강도들로 하여금 언젠가 타협을 하고 나타날지도 모르는 증인들을 모두 없애도록 자극하는 가장 좋은 방법이다. 살해범의 수를 늘리기에는 이상적인 방법이 아닌가! 같은 맥락에서 대부분 희생자의 죽음을 수반하는 유괴 범죄에는 당연히 심한 형벌을 적용해야 할 것이다. 너무나 당연한 일이다. 겉으로 보기에는 말이다. 특히 비행기 납치 사건들과 더불어, 몇 년 전부터 부쩍 심해지는 수많은 사람들을 대상으로 삼는 심각한 인질 사건과 그들의 집단 처형을 부추기기 때문이다. 만일 인질한 사람을 죽이건 모두를 죽이건, 내가 죽기는 마찬가지이기 때문이다!

이 괴팍한 경제학자들은 또한 마약 문제에 관해서도 유창하게 답변하지 못한다. 범죄에 대한 경제적 견지에서 볼 때, 마약 시장은 매우 특수하다. 우선 공급과 수요가 '관찰될' 수 있고(비록 불법이라 해도), 이것들의 대립은 이 시장의 가격을 형성한다——이 책의 핵심이 되는 모든 장들에서 검토했던 시장들에서와 마찬가지로 말이다. 그 다음에 적어도 치명적인 마약으로 인한 중독 현상들은, 마약복용자들로 하여금 자신들의 필요를 충족시킬 수 있는 양을 공급받기 위해 경범죄를 저지르도록 부추긴다. 마침내 이 물품의 대가로 겪게 되는, 우연히 혹은 처음으로 경험하는(그러나 마약에 손대지는 말아라!) 마약 복용에 대한 예민성(전문 용어로는 유연성)은 일반 소비자들의 의존도보다 훨씬 강하다. 그리하여 이 재앙에 맞서기 위한 전략들은 공급과 수요를——혹은 이 둘의 조합을——줄이는 것을 그 목적으로 삼는다.

공급에 가해지는 전략은, 마약의 정제와 분배의 망을 타개하도록 힘써야 함을 주장한다. 이러한 정책은 마약의 가격을 폭등시킨다. 우발적인 소비자들은 점점 덜 소비하게 된다. 그러나 상습중독자들에게는 조금 다르다. 그들이 원하는 것에 드는 가격이 높다는 것은 별로 큰 영향을 주지 못하고, 마약을 하는 데 필요한 돈을 구하기 위해 이 상습중독자들에 의해 저질러지는 범죄의 수만 증가한다. 그리고 중개인들이 구매하는 마약의 가격과 소매 가격 사이에 형성되는 거대한 마진(20,000% 가량의 마진)은 상당 부분 독점권에서 생기는데, 이 독점권은 중개인들에게 특혜로 주어진다. 그리하여 이들은 압력에도 불구하고 이 시장을 유지하려고 한다. 이러한 엄청난 이익들이 그들로 하여금 이 불법 행위들을 이어 가도록 부추기는 것이다. 그렇다면 이 마약에 관해서는 어쩔 수 없이 패배를 인정해야 하는가?

　어떤 이들은 이 마약 시장의 가격들을 낮추는 방법을 제안한다. 이렇게 낮춤으로써 마약 거래에서 생기는 이윤을 없애면, 결국에는 그 규모도 줄일 수 있다는 것이다. 그리고 자신들의 행위에 필요한 돈을 공급하기 위한 절도 행위들도 줄일 수 있다는 것이다. 또 어떤 이들은 새로운 소비자들이 내는 비용과 상습중독자들이 내는 비용을 구분해야 한다고 생각하기도 한다. 특히 마약밀매자들은 이 두 종류의 고객들을 구별함으로써 이익을 챙긴다고 한다. 이 시장에 들어설 수 있도록 신참자들에게는 낮은 가격을 적용하고, 상습중독자들에게는 비교적 높은 가격을 적용한다는 것이다. 왜냐하면 그들은 가격에 그다지 구애를 받지 않기 때문이다. 반대로 가격을 초보자들에게는 높게 적용하고(그들의 소비를 위축시키기 위해), 상습복용자들에게는 보다 저렴하게 적용함으로써 이 집단은 사회적 명예의 실추를 최소화할 수도 있다——그리하여 헤로인이나 코카인 같은 것을 구입하는 데 필수적인 자금을 마련하기 위해 행해지는 경범죄를 줄이게 된다. 이렇게 하기 위한 방법으로, 시장의 순수하고 단순한 자유에서부터 다소 가혹하다고 볼 수 있는 통제와 규제의 제도에 이르는 여러 가지 전략들이 놓여 있다. 이와 같이 어느 누구도 헤로인중독자들에게 자유를 허락하자고 제안하지 않는다. 의사들은 저렴한 가격으로 그들에게 처방을 내려줄 것이고(혹은 의학적으로 그들을 치료할 수 있는 대체물을 공급할 것이고, 이는 오늘날 이따금씩 시행된다), 이것은 자금 조달 때문에 일어나는 범죄를 감소시킬 것이다. 반대로 '신참' 마약복용자들은 이에 관해 아무런 권리도 행사할 수 없을 것이다. 이들이 암시장에서 마약을 조달하는 데 더 많은 어려움을 겪도록 하기 위해서는 중개인들에게 가혹한 조치를 가해야 할 것이다. 결과적으로 가격은 오르게 된다. 이것은 마약 시장에 신참소비자들이 들어서는 것을 막을 수 있다. 그러면 다른 여러 가지들 중에서 소비자의 서로 다른 유형들을 구별한다는 문제가 제기된다. (이 정책이 일으킬 윤리적인 많은 문제들은 언급하지 않겠다——판단은 너에게 맡기마.) 간단히 말해서, 기적 같은 방법은 없다. 하지만 분석 방식과 개방적인 사고 방식은 확실히 도움이 된다.

자, 이 문제들에 접근하기 위해서는 네가 동업 조합의 방식을 면밀히 이해해야 한다고 아빠는 생각한다. 우리가 항상 되돌아가는 이러한 분석의 중심에는 경제적·사회적·심리적 자극의 시스템이 존재한다. 이 자극들이 부정적이든(구속, 처벌, 감옥 등) 긍정적이든(훈련과 교육, 기회의 균등, 재활 등), 이러한 자극들을 변화시킴으로써 공권력은 이 일탈 행위 등에 영향을 줄 수 있다. 그리고 경범죄와 싸우기에 적당한 방식들의 의미를 끌어낼 수 있다. 이런 분야의 연구들은 완결되기가 어렵다. 경제학자의 모델은 과실을 입증하는 것이지, 완벽하게 모든 것을 설명할 수 있음을 주장하는 것이 아니다. 그렇다고 자신의 영역을 버려야 함을 의미하는 것도 아니다. 오히려 그 반대이다. 이것은 연구를 줄여 가기 위함이 아니라 더 많은 연구를 하기 위함이다. 그의 방식이 사회에 관한 이론 전체에 더 많이 적용될 수 있도록 하기 위함이기도 하다. 나는 앞의 마지막 세 장에서 그 대표적인 몇 가지 예들을 너에게 제시했다. 이 예들은 분명 주제를 완벽하게 규명하지는 않는다. 더 멀리까지 가고 싶다면 그것은 너에게 달려 있다.

지금까지의 산책을, **호모 에코노미쿠스**와 함께 한 우리의 산책을 마치기 위해, 비록 이것이 너에게 충격적이었다 해도(확실히 너는 좋은 길동무였다) 사회과학으로서의 경제학이 실어 나르는 '보편적인 법칙'이 우리의 중대한 사회 문제들을 더 잘 이해하고 더 잘 다루는 데 도움을 줄 수 있다는 사실은 분명하다. 사회학·정치학·범죄학·인류학·심리학은 점점 더 경제학적 방법을 취하게 된다. 경제학의 '식민주의'는 목하 진행중인 것이다. 그러나 자신의 위치에서 경제학자는 자기 분석 대상에 있는 규범들, 가치 체계들과 사회적 상호 작용의 역할 같은 것들의 영향을 점점 더 많이 고려해야만 할 것이다. 간단히 말해서, 경제학의 주제들은 다른 사회과학들을 넘나드는 것들이다.

엄청난 이 지적 여행이 우리에게, 또 너에게 확실한 미래를 보장한다고 생각하니?

그렇다면 준비해라. 지평선은 활짝 열려 있다.

그리고 모험은 계속된다……

에필로그
이제 네 차례다…

브라보, 내 딸이 해내다니! 예전에는 확신할 수가 없었다. 첫 장에 제시했던 목적을 아빠가 달성한 것일까? 경제학이 지루한 것이 아니라 반대로 열정적일 수 있다는 것을 너에게 입증하는 것 말이다. 아빠에게는 네가 그다지 지루해하지 않은 것처럼 보이니, 교수다운 자연스럽고도 순수한 성향을 가진 이 아빠가 길을 완전히 잘못 든 게 아니라고 해석해도 될까?

어쨌든 아빠는 네가 하루하루를 살아가면서 경제의 근본적인 중요성을 인정하기를 바란다. 또 오늘을(우리는 다시 과거로 돌아갈 수 없다!) 살고 있는 젊은이가 자국의 문화 속에 우리 사회를 지배하는 경제적 메커니즘에 대한 최소한의 인식을 새길 수 있었던, 결코 간과될 수 없는 중요한 계기였음을 인정하기를 바란다. 비록 너의 특성에 알맞게 아마추어 수준에 그치는 정도로라도(개가 고양이처럼 굴 수는 없다……) 내 곁에 바싹 붙어 따라온다면, 앞으로 너는 이 세상을 더 잘 이해하고 더 잘 행동하는 데 도움이 될 지표들을 얻게 될 것이다. 이것은 너로 하여금 인간적인 활기들과 도시 생활, 개인적·집단적 선택의 메커니즘을 더 잘 이해시키기 위함이다. 또 가능성과 불가능성을 더 잘 구분할 수 있도록 하기 위함이다. 하나의 사회와 그것을 지탱하는 경제라는 것이 쉽게 다루어질 수 있고 우리가 원하는 순간에, 또 원하는 속도로 원하는 형태를 만들 수 있는, 빚기에 수월한 반죽이 아님을 너에게 알려 주기 위함이다. 또 이것들은 이따금 인간보다 훨씬 강력한 힘에 순종하는 생명체이기도 하다. 바로 너처럼 사회란 능숙하게 다루어져야 할 민감한 성질이다. 아니, 이것은 사물을 좋은 상태로 고수하기 위한 푸념이 아니다. 오히려 행동을 위한 것으로 지적 행동, 경제적이고 사회적인 인식에 기초한 행동을 위한 것이다. 비록 이러한 인식들이 세세하게 구분되어 논쟁거리가 될 수밖에 없었다 해도 말이다. 사람들이 퍼뜨리는 선동과 불행 따위는 개의치 않는다! "지각 있는 사람답게 행동하라, 행동하는 사람답게 생각하라." 액턴 경과 윈스턴 처칠이 말했던 방법이 바로 이것이다.

무엇보다도 편협한 생각을 버려라! 아빠도 너도 전혀 그렇지 않으니 안심해라. 경제과학이 해독해야 할 주제는 엄청나게 많다. 그 중 일부는 이미 아빠가 해독했고, 어떤 것은 밑그림만 그렸단다. 미시경제학(그 한 예로 생산자와 개별적인 소비자의 행동들과 시장 구조의 역할을 들 수 있다), 공공 경제(특히 세금과 사회 보장에 관련된 모든 영역이다. 그리고 이 영역은 시간이 흐르면서 매우 중요시되고 있다), 중대한 문제들(예를 들면 환경이나 건강 같은)에 경제적 방식을 적용하는 것, 그리고 그 밖에 다른 많은 일들을 말한다.

또 아빠가 나름대로 네게 제시했었던 분석들은, 전부 비경제학자들에게는 한결같이 보다 전문적이고 이해하기 어려운 책이나 논문들의 간행을 불러일으킬 수 있고, 실제로 자주 그렇다는 것은 공공연한 사실이다. (아빠 역시 그런 일을 꽤 많이 저질렀단다. 그러니 이런 책들이 아무 쓸모없는 것이라고 섣불리 결론 내리지는 말아라. 그러면 무엇보다도 네가 아빠의 자존심에 상처를 줄 것이고, 그것은 네 앞날에 이롭지 않을 것이다. 그리고 이것은 나의——또 너의——기본적 도구이기 때문에 결국 너는 내 동료 교수들과 나를 혼란스럽게 할 것이다. 아빠는 그런 것을 원치 않는다.) 만일 네 오이디푸스 콤플렉스 때문에 아빠의 가르침을 거부한다면, 그리고 네가 원한다면 이번에는 책벌레로 변신해서 끝없는 심연 속으로 뛰어들어 경제 이론의 향연에, 상상도 못할 그 향연에 빠져 볼 수도 있을 것이다.

간단히 말해서, 아빠는 뛰어나건 그렇지 않건 너를 경제학자로 키우려고 하지는 않았다. 하지만 거의 25년 동안(세상에!) 학문적 영광과 질곡을 겪으면서 이 음울한 학문에 몰두한 이후, 나의 경제학자로서의 보람을 추출하려고 애썼다는 것을 어렴풋하게 네가 느낄 수 있다면, 아빠는 네가 현재 '가장 훌륭한 사람'이라는 것을(가만, 아직 성인 취급을 받지 못했단 말이냐!), 너의 친구 에픽테토스에게 중요한 '행복한 삶'을 훨씬 수월하게 일굴 수 있으리라는 것을 인정하겠다. 그러니 이제부터는 네 차례인 것이다…….

도움말 사전

고정 환율 시스템 fixed exchange rate system 각국 통화의 가치를 특정 국의 통화, 금, 특별인출권 등에 연계함으로써 환율 변동을 협소한 폭으로 한정하는 제도. 19세기 후반부터 1930년대초까지는 국제 금본위제하에서 모든 통화의 교환 비율을 금 평가에 따라 결정했으므로 고정 환율 시스템이 실시된 대표적 시기라 할 수 있다. 이후 제2차 세계대전부터 1971년 중반까지는 브레턴우즈 체제에 의해 국제적 규모의 고정 환율 시스템이 채용되었고, 지금도 국제 통화 기금(IMF)은 환시세 변동을 상하 2.25% 범위 내로 제한하고 있다. 환율을 안정적으로 고정시키는 정책은 무역 거래를 촉진시키지만, 국제 수지 불균형에 직면할 경우 대폭적인 변경을 해야 하는 문제가 있다. 지금은 많은 나라가 관리 가능한 변동 환율 시스템을 택하고 있다.

기트리 Guitry, Sacha(1885~1957) 프랑스의 극작가. 재능 있는 희곡작가로 자신의 작품에 직접 출연했다.

배우 뤼시앵 기트리의 아들로 21세 때 이미 첫번째 극작 《노노》로 성공을 거두었다. 이어 《조아크 씨 댁에서》(1906)·《작은 네덜란드》(1908)·《몬테 카를로의 스캔들》(1908) 등을 비롯해 대표작으로 꼽히는 《야간 근무자》(1911)와 《아름다운 결혼식》(1911)을 발표했다. 그의 예술은 항상 어느 정도 번뜩이는 즉흥적 성격을 띠고 있었으며, 그를 배우나 희곡작가 어느 한 부류로 구분하기는 어렵다. 대단히 많은 작품을 썼는데, 자신이 쓴 1백30편의 작품 중에서 90편 이상을 무대에 올렸다. 또한 아버지가 출연할 수 있도록 《드뷔로》(1918)·《파스퇴르》(1919)·《베랑제》(1920) 등 중후한 희곡들도 많이 썼다. 많은 영화 시나리오를 쓰고 감독했으며 직접 출연하기도 했는데, 유명한 작품으로는 《어느 사기꾼의 이야기》가 꼽힌다. 자서전 《한 사기꾼의 추억》을 1935년에 발표했다. 1936년에 레지옹 도뇌르 3등 훈장을 받았고, 1939년에는 아카데미 공쿠르 회원으로 선출되었다. 5번 결혼한 기트리는 모든 아내에게 연기를 가르쳤고, 그 중 가장 뛰어난 사람이 이본

프랭탕이었다.

나폴레옹 1세 Napoleon I(1769~1821) 프랑스의 장군, 제1통령(統領 : 1799~1804), 황제(1804~14/15 재위). 프랑스와 서유럽 여러 나라 제도에 오래도록 영향을 끼친 많은 개혁을 이루어 냈고, 프랑스의 군사적 팽창에 가장 큰 열정을 쏟았다. 그가 몰락했을 때 프랑스 영토는 1789년 혁명 때보다 줄어들었지만 그가 살아 있는 동안, 그리고 조카인 나폴레옹 3세가 다스린 제2제정이 막을 내릴 때까지 그는 거의 모든 사람에게 역사상 가장 위대한 영웅으로서 존경받았다.

라블레 Rabelais, François(1483~1553) 프랑스의 작가. 동시대인들에게는 뛰어난 의사이자 인문주의자였으며, 후세 사람들에게는 익살스럽고 풍자적인 걸작 《팡타그뤼엘》(1532)과 《가르강튀아》(1534)의 저자로 유명하다.

라 퐁텐 La Fontaine, Jean de(1621~1695) 프랑스의 시인. 그의 《우화》는 프랑스 문학의 위대한 걸작 중 하나로 꼽힌다.

레닌 Lenin, Vladimir Ilich(1870~1924) 러시아의 급진적 마르크스주의자. 러시아 공산당을 창설하여 혁명을 지도했고, 소련 최초의 국가원수가 되었다. 제3인터내셔널(코민테른)을 창설했으며, 마르크스 이후 가장 위대한 혁명사상가인 동시에 역사상 가장 뛰어난 혁명지도자로 인정받고 있다.

레이건 Reagan, Ronald Wilson(1911~) 미국의 제40대 대통령(1981~89). 보수적인 공화당 정책으로 유명했다. 신발 세일즈맨의 아들로 태어난 그는 1932년 일리노이 주 유레카대학을 졸업한 뒤, 아이오와에서 라디오 스포츠 아나운서가 되었다. 1937년 그의 오랜 영화배우 생활은 시작되었고 결국 약 50편의 영화에 출연하게 되었는데, 그 중 《모든 미국인 크누트 로크니》(1940)·《왕들의 열》(1942)·《성급한 마음》(1950)이 특히 유명하다. 1947~52년, 1959~60년 영화배우협회 회장직을 맡아 미국 영화 산업에서 공산주의자로 여겨지는 세력을 척결하는 데 협력했다.

로하스 Rojas, Fernando de(1465~1541) 스페인의 작가. 유일한 작품 《셀레스티나》는 대화체로 된 장편 산문희곡(극소설)으로 스페인과 유럽에서 산문 소설의 발전에 크게 기여했다. 유대계인 그는 1490년경 살

라만카대학교에서 법학으로 학사 학위를 받았다. 후에 탈라베라에 정
착하여 결혼하고 변호사로 개업했으며, 잠시 시장을 지내기도 했다.
《셀레스티나》의 초판은 16막으로 된 《칼리스토와 멜리베아의 이야기》
로 발표되었고, 나중에는 21막으로 된 《칼리스토와 멜리베아의 희비
극》(1502)으로 발표되었다. 이탈리아어(1519)와 프랑스어(1527)로 번
역되면서부터 《셀레스티나》로 불리기 시작한 이 작품은 일상 생활 속
에서의 로맨스를 최초로 표현한 작품 중의 하나로, 비극적 사랑 이야
기에 조연들이 펼치는 음란하고 악랄한 장면들을 결합시켰다.

롱사르 Ronsard, Pierre de(1524~1585) '플레야드'(La Pléiade: 칠성시
파)라고 불리는 프랑스 르네상스 시대 시인들의 우두머리.

리카도 Ricardo, David(1772~1823) 영국의 경제학자. 경제 이론에 체
계적이고도 고전적인 형식을 부여해 19세기 경제학 발전에 기여하였
다. 그의 자유 방임 원리가 전형적으로 드러나 있는 철의 임금 법칙론
(Iron Law of Wages)에서 리카도는 노동자의 실질 소득을 늘리려는
시도는 모두 무익한 것이며, 임금은 필연적으로 생존 수준에 가깝게
유지된다고 말했다.

마셜 Marshall, Alfred(1842~1924) 영국의 신고전학파 경제학 창시자 가
운데 한 사람. 1877~81년 브리스톨 유니버시티 칼리지의 초대 학장
을 지냈다.

테일러 상업학교와 케임브리지의 세인트존스 칼리지에서 공부한 뒤,
1883~85년 옥스퍼드 베일리얼 칼리지의 펠로가 되어 정치경제학을
강의하고, 1885~1908년에는 케임브리지대학교의 정치경제학 교수로
활동했다. 이후로는 저술 활동에 주력했으며, 1891~94년 '왕립노동
위원회'(Royal Commission on Labour) 회원을 역임했다.

대작 《경제학 원리》(1890)는 그의 가장 중요한 저서로서 경제학에
큰 공헌을 했다. 이 책에서 마셜은 수요의 탄력성, 소비자 잉여, 준지
대, 대표적 기업 등 많은 개념들을 도입함으로써 경제학 발전에 큰 계
기를 제공했다. 그뒤 1919년에 산업 조직에 관한 연구서 《산업과 무
역》을 펴냈으며, 1923년에는 《화폐, 신용, 상업》을 발행했다. 경제학계
가 가치론을 놓고 심각하게 분열된 가운데에서도 마셜은 저술 활동을
통해 큰 성공을 거두었다. 그는 고전학파의 생산비 원리에 윌리엄 제

번스 및 오스트리아학파가 제안한 한계 효용 원리를 조화시키면서 경제 분석 요인에 시간 개념을 포함시켰다. 그 공로로 마셜은 영국의 위대한 경제학자들인 애덤 스미스, 데이비드 리카도, J. S. 밀의 후계자로 인정받고 있다.

만데빌레 Mandeville, Bernard de(1670~1733) 네덜란드의 산문작가·철학자. 영국에 정착해 있으면서 《꿀벌의 우화》로 전유럽에 명성을 떨쳤다. 1691년 3월 레이덴대학교 의학부를 졸업한 뒤 수련 생활을 시작했다. 그러나 곧 네덜란드를 떠나 영국에서 영어를 배웠으며, 영국과 그곳의 관습이 마음에 들어 런던에 정착했다. 1699년 영국 여인과 결혼해 2명의 자녀를 두었다. 런던에서 곧 직업적 명성을 얻었으며, 주요 인사들과 교우 관계를 맺고 후원도 받게 되었다. 벤저민 프랭클린은 그를 유쾌한 벗이라고 생각했다. 영어로 된 초기 작품으로는 17세기 프랑스 시인 장 드 라 퐁텐과 작가 폴 스카롱의 작품들을 의역한 해학극들이 있다.

만데빌레의 대표작 《꿀벌의 우화》의 1714년판은 '개인의 악덕, 사회의 이익' 이라는 부제를 달았으며 그 구성은 서문, 본문 〈불평하는 꿀벌떼〉와 '도덕적 미덕의 기원 연구' 및 시에 관한 '고찰' 로 이루어졌다. 1723년판에는 '사회의 본성' 이 추가되었으며, 이는 오랜 논쟁을 불러일으켰다. 1729년판에서는 그의 철학적 사상에 맞추어 전체의 논의를 수정했지만 독자를 즐겁게 하려는 본래의 의도는 여전히 남아 있다. 《꿀벌의 우화》에서 만데빌레는 모든 행위가 이기심에서 비롯된다는 점에서, 모든 행위는 악덕하다는 스스로의 정의에 기초하여 역설적으로 악덕의 실용성에 대해 변론을 펼친다. 동기는 사악하다 하더라도 행위의 결과는 부와 문명의 안락함을 창출해 내므로 사회적으로는 이익이 될 수 있다는 것이다. 이 책은 출판을 거듭했으며, 《종교·교회·행복에 대한 자유로운 사고》(1720)와 함께 유럽 전지역에서 호평을 받았다.

맬서스 Malthus, Thomas Robert(1766~1834) 영국의 경제학자·인구통계학자. 인구 증가는 언제나 식량 공급을 앞지르는 경향이 있으며, 엄격하게 산아 제한을 하지 않으면 인류의 운명은 나아질 가능성이 없다는 이론으로 유명하다.

맹거 Menger, Carl(1840~1921) 오스트리아의 경제학자. 한계 효용 이론과 주관적 가치 이론의 발전에 크게 기여했다. 그는 가치론을 개인 행동의 분석으로부터 시작해 경제 현상의 설명으로 전개해 갔다. 예를 들면 사용 가치를 통해 교환 가치를 설명할 수 있다는 논증이나, 재화가 소비자의 만족에 기여한다는 개념 등이 그러한 연구 방법을 보여 준다. 그의 가장 중요한 저서인 《국민경제학 원리》(1871)에서 그는 효용·가치·가격 사이의 관계를 설명하고자 했다. 1867년 크라쿠프 대학교에서 박사 학위를 받은 뒤 오스트리아의 공무원으로 일했다. 1873년 빈대학교의 정치경제학 교수가 되어 몇 차례 휴직한 것을 제외하고는 1903년까지 계속 강의를 맡았으며, 퇴직 후에도 자신의 경제 이론 연구를 완성시키는 데 전념했다. 멩거는 '오스트리아학파'의 창시자로 널리 알려져 있다.

몰리에르 Molière(1622~1673) 프랑스의 위대한 희극작가·배우. 17세기 프랑스의 교회 및 세속 당국은 그를 적대시했지만, 몰리에르의 희극적 천재성은 마침내 그에게 프랑스가 낳은 가장 위대한 작가로서의 명성을 안겨 주었다. 몰리에르 이전에도 희극은 긴 역사를 지니고 있었고, 그는 그 전통적 형식들의 대부분을 수용했으며, 여기에서 한 걸음 더 나아가 새로운 양식의 희극을 창조하는 데 성공했다. 그의 희극 양식은 정상적인 것과 비정상적인 것의 상호 관계 속에서 바라본 이중적 시각에 기초한 것으로, 예컨대 그럴싸한 것과 진실한 것, 현학적인 것과 지혜로운 것 등의 대비가 그 희극적 원천이다. 배우이기도 했던 몰리에르는 어떤 상황을 다루더라도 그것을 생동감 있게, 때로는 비현실적일 만큼 극적으로 만들어, 비록 이성의 시대에 살기는 했지만 그의 양식은 부조리한 것을 합리화하지 않고 거기에 생기를 부여했다. 그러한 예가 《타르튀프》·《아내들의 학교》·《인간혐오자》 같은 작품들이다. 수 세기 후에 다른 매체를 통해 활동했던 가장 위대한 희극 예술가들(예를 들어 찰리 채플린과 같은 이들)이 여전히 몰리에르와 견주어짐으로 보아 그의 예술관의 참신성이 입증되고 있다.

몽테뉴 Montaigne, Michel (Eyquem) de(1533~1592) 프랑스의 사상가·문필가. 16세기 후반 프랑스의 광신적인 종교 시민 전쟁의 와중에서 종교에 대한 관용을 지지했고, 인간 중심의 도덕을 제창했다. 그러한 견해를 피력하기 위해, 또는 좀더 정확히는 그러한 견해가 자신에게 무엇을 의미하는가를 밝히기 위해 에세(essai)라는 문학 형식을 만들어 냈다. 그의 《수상록》은 인간 정신에 대한 회의주의적 성찰과 라틴 고전에 대한 해박한 교양을 반영하고 있다.

밀 Mill, John Stuart(1806~1873) 영국의 철학자·경제학자. 19세기 개혁 시대에 시사평론가로 이름이 높았다. 논리학자이자 윤리학 이론가로서 지속적인 관심의 대상이 되고 있다.

바스티아 Bastiat, (Claude-)Frédéric Bastiat(1801~1850) 프랑스의 경제학자. 저널리스트로서 많은 저술 활동을 통해 자유 무역을 주창하고, 스코틀랜드 태생인 애덤 스미스의 경제학을 지지한 것으로 잘 알려져 있다. 1846년 '자유무역협회'를 설립하고, 기관지 《자유 무역》을 통해 자신의 보호 무역 반대론을 발표했다. 저서 《궤변의 경제학》(1845)에서는 잘 알려져 있는 풍자적 우화를 인용하면서 그 안에 등장하는 양초 제조업자의 탄원서를 꾸며냈다. 그 탄원서는 빛을 밝히는 경쟁자인 태양이 없어진다면 양초 제조업과 그 관련 산업들이 크게 발전할 것임을 주장하고, 햇빛을 막아 줄 것을 요구하는 내용이었다. 이처럼 보호주의를 반대했던 그는 사회주의를 보호주의와 동일한 개념으로 여겨, 1848~49년의 혁명기에는 사회주의 부활에 반대하는 글을 썼다. 바스티아가 1849년 국민의회 의원이 되고, 역시 같은 해에 입법의회 의원이 된 것은 주로 사회주의와 공산주의에 반대하는 운동을 벌인 데 힘입은 결과였다. 또한 그는 리카도의 경제 이론에 대해서도 체계적이지는 않지만 격렬하게 반대하는 논쟁을 벌였다.

발라 Walras, (Marie-Esprit-)Léon(1834~1910) 프랑스 태생의 경제학자. 그의 탁월한 저작 《순수 경제학 요론》(1874~77)은 경제의 일반 균형에 대해 수학적 분석을 시도한 최초의 포괄적인 이론으로 꼽힌다.

발레리 Valéry, Paul(1870~1945) 프랑스의 시인·수필가·비평가. 그의 가장 훌륭한 시는 《젊은 파르크》(1917)로 여겨지며, 이 작품에 뒤이어 《구시첩(舊詩帖) 1890~1900》(1920)과 《해변의 묘지》가 들어 있는 시집 《매혹》(1922)이 발표되었다. 그후 그는 수많은 논설과 가끔 문학을 주제로 한 글도 썼으며, 과학적 발견과 정치 문제에 대해서도 많은 관심을 가졌다.

베커 Becker, Gary S.(1931~) 미국의 경제학자. 미시경제의 분석 영역을 폭넓은 인간 행동과 상호 작용에까지 확대한 공로로 1992년에 노벨 경제학상을 수상했다.

베커는 1954년 처음 강단에 선 이래 1957~69년에는 컬럼비아대학교에서, 그 이후부터 현재까지는 시카고대학교에서 경제학을 가르치고 있다. 그는 경제학의 분석 영역을 시장 원리가 적용되지 않는 인간 행위 등에까지 확대시켜 결혼·자살·이혼·인종 차별·출산·자녀 교육과 여성의 사회 참여, 종교·범죄 행위 등 수많은 사회 문제를 경제학적 시각으로 밝히고자 했다. 1964년에 출판된 대표적 저서인 《인간 자본》에서, 그는 인간을 자본으로 규정하고 인간 자본의 질을 높이기 위해서는 가정과 국가가 교육·훈련에 집중적으로 투자해야 한다고 주장했다. 또한 인간 자본의 질을 결정하는 데는 단순한 지식만이 아니라 성실성·근면성·정직성·성취 욕구 등도 중요한 요소가 된다고 강조했다. 베커는 인간이 효용 극대화를 추구하여 행동하는 합리적인 존재라는 평범한 가정을 이론적 출발점으로 하고 있으며, 자유 시장 경제를 신봉하는 시카고학파의 명제를 그의 경제학에 그대로 반영하고 있다. 베커의 주요 논문에는 《차별화의 경제학》(1957)·《시간 할당의 이론》(1965)·《범죄와 형벌》(1968)·《가족 행위에 대한 경제학적 접근》(1976)·《가족관계론》(1981) 등이 있다.

벤담 Bentham, Jeremy(1748~1832) 영국의 철학자·경제학자·법이론가. 처음으로 공리주의를 설명한 주요 인물이다.

변동 환율 시스템 floating exchange rate system 중앙 은행이나 기타 외환 당국에 의한 시장 개입 없이 자유롭게 환시세가 결정되는 제도. 정부의 개입이 전혀 없다는 의미에서 '자동 변동 환율 시스템'이라 부르기도 한다. 이에 비해 환율이 외환 시장의 수요·공급에 따라 자유로이 결정되도록 하되, 중앙 은행이 필요에 따라 수시로 시장에 개입하는 형태를 '관리 변동 환율 시스템'이라고 한다. 현재의 국제 통화 시스템은 바로 이 관리 변동 환율 방식을 취하고 있다. 1973년 브레턴우즈 체제가 붕괴된 이후, 국제 통화 시스템은 고정 환율 시스템에서 '변동 환율 시스템'으로 전환되어 오늘에 이르고 있다.

뷰캐넌 Buchanan, James M(cGill)(1919~) 미국의 경제학자·교육가.

경제적·정치적 의사 결정을 분석하는 독특한 방법인 '공공 부문의 선택 이론'을 발전시켜 1986년 노벨 경제학상을 받았다.

1940년 미들테네시주립대학의 이학부를 졸업하고, 1941년 테네시대학교에서 문학석사 학위를 받았다. 이후 5년간 해군에서 복무한 다음, 다시 시카고대학교에 진학해 1948년 박사 학위를 받고, 1950~69년 많은 대학에서 강의를 했다. 이후 1969~83년 버지니아 종합과학기술연구소의 경제학 교수로 활약하다가, 1983년에는 버지니아 주 페어팩스 시에 있는 조지메이슨대학교의 경제학 교수가 되었다. 그는 공동으로 혹은 혼자서 수많은 중요 저서들을 저술했는데, 그 가운데 가장 잘 알려진 저서로는 고든 털럭과 공동 집필한 《동의의 산술: 입헌 민주주의의 논리적 기초》(1962)를 꼽을 수 있다. 그는 이 책에서 정부의 경제 정책에 영향을 미치는 정치가의 자기 이해와 다른 사회적 힘, 즉 비경제적 강제에 대해 논했다. 그밖의 저서로는 《공공재의 수요와 공급》(1968)과, 로버트 D. 톨리슨과 함께 편집한 《공공 부문의 선택 이론: 경제학의 정치적 적용》(1972), 리처드 E. 와그너와 함께 쓴 《적자 속의 민주주의: 케인스의 정치적 유산》(1977), 제프리 브레넌과 함께 쓴 《조세권》(1980) 등이 있다. 또한 뷰캐넌은 1969년 공공선택연구소를 공동으로 설립해 소장으로 일했다.

비교 우위설 comparative advantage 데이비드 리카도에 의해 처음으로 개발된 경제 이론. 국제 무역이 발생하는 원인과 그로부터 얻을 수 있는 이익을 동일한 상품을 생산하는 각국간의 상대적인 기회 비용의 차이로 설명한다. 즉 어떤 한 가지 상품을 생산하기 위해서 다른 재화를 포기할 때 발생하는 비용이 나라마다 서로 다르다는 점에서 무역의 원인과 효과를 찾은 것이다. 노동가치론에 기초를 두었던 리카도는 노동만을 유일한 생산 요소로 보았으며, 무역에 대한 그의 이론은 특정 국가가 다른 어떤 나라에 비해 모든 재화를 보다 효율적으로 생산할 수 있다 할지라도 그것이 곧 국제 무역을 부정하는 것은 아니라는 데에서 출발했다.

새뮤얼슨 Samuelson, Paul (Anthony)(1915~) 미국의 경제학자. 1970년 노벨 경제학상을 받았다. 새뮤얼슨은 시카고대학교와 하버드대학교에서 공부한 뒤 1941년 박사 학위를 받았다. 1940년부터는 매사추세츠

공과대학(MIT)의 경제학 교수로 일했으며, 여러 차례 정부의 경제 고문 역할을 맡기도 했다. 뛰어난 경제이론가로 알려진 새뮤얼슨은 훌륭한 수학적 기법을 도입함으로써 다양한 부문의 경제 이론을 발전시키는 데 크게 기여했다. 《경제 분석의 기초》(1947)는 그의 저서 가운데 유일하게 광범위한 분야를 다루고 있는 연구서로서 다른 저서에서 전개된 논리의 기저를 보여 주고 있다. 이 저서에서 그는 최적 행위의 보편성을 경제 이론의 열쇠로 보았다. 새뮤얼슨은 레옹 발라의 일반 균형 이론으로부터 이어지는 경제학 사상의 큰 흐름을 따라 이론을 전개하면서 그와 같은 접근법을 추구했다. 이러한 시도는 그로 하여금 다양한 분야에 관심을 갖도록 만들어 실제로 새뮤얼슨은 경제 체제의 역동성과 안정성, 국제무역론의 일반균형론으로의 통합, 공공재에 관한 분석, 자본 이론 등 다양한 분야에 몰두하게 되었다. 특히 승수 이론과 가속도 원리의 상호 작용에 관해 수학적 공식을 세운 것과, 소비 분석에서 현시선호(顯示選好)의 이론을 전개한 것은 경제 이론의 발전에 커다란 영향을 미쳤다. 명료한 산문체로 씌어진 그의 경제학 입문서는 그 분야의 베스트셀러가 되었을 뿐 아니라 고전으로 인정받고 있다. 이밖에 공동 집필로 펴낸 선형 계획(線形計劃, linear programming)에 관한 저서가 있다.

세 Say, J(ean-) B(aptiste)(1767~1832) 프랑스의 경제학자. "공급은 스스로 수요를 창출한다"는 시장 법칙을 전개한 것으로 잘 알려져 있다. 세는 불황의 원인을 전반적인 수요의 결핍에서 찾지 않고 시장의 불균형에 있다고 보았다. 즉 일부 시장에서는 일시적 과잉 생산이 발생하는 반면, 다른 시장에서는 과소 생산이 일어나는 데에서 불황이 기인한다는 것이다. 그는 이러한 시장의 불균형은 자동적으로 해소된다고 믿었다. 그 이유는 과잉생산자는 소비자의 선호에 맞추어 생산을 재조정할 것이고, 그렇지 않을 경우 파산당하고 말 것이기 때문이다. 세의 법칙은 1930년대 대공황이 발발할 때까지 정통 경제학의 중심 교의로 존속해 왔다. 세의 법칙이 명백하게 시사하는 바는 자본주의 체제는 자기 조절 기능을 갖추고 있기 때문에, 제반 경제 문제에 대한 정부의 간섭이 필요하지 않다는 것이다.

세는 학업을 마친 뒤 잠시 보험 회사에 근무하다가 저널리스트로 활동했다. 1794년 프랑스 혁명 사상을 연구하는 새로운 잡지의 편집인이 되었고, 이후 그곳의 편집국장직을 맡았다. 세는 집정정부 시절인 1799년 호민관으로 임명되었으나, 이후 나폴레옹 황제에 의해 면직당했다. 1807년에는 면사방적 공장을 세웠으나 1813년 매각 처분하고, 1817~30년 공예학교에서 산업경제 분야를 맡아 강의했다. 1830년 이후로는 콜레주 드 프랑스에서 정치경제학 교수로 활동하다가 일생을 마쳤다. 대표적인 저서로는 《정치경제학 개론》(1803)이 있다.

슘페터 Schumpeter, Joseph A(lois)(1883~1950) 모라비아 태생의 미국 경제학자·사회학자. 자본주의 발전 이론과 경기변동론의 연구로 잘 알려져 있다. 빈에서 교육을 받은 뒤 체르노비치대학교·그라츠대학교·본대학교에서 강의를 하다가, 1932~50년 하버드대학교 교수로 활동했다. 1919년 오스트리아 정부의 재무장관직을 역임하기도 한 그는 경제 이론 분야에 지대한 영향을 끼쳤다.

지금까지도 널리 읽히고 있는 저서 《자본주의, 사회주의, 민주주의》(1942)에서, 그는 결국 자본주의는 자체의 성공 때문에 붕괴하고 특정한 형태의 공적 통제, 또는 사회주의가 그것을 대체하게 될 것이라고 주장했다. 《경제학사》(1954, 2판 1966)는 경제학 방법론의 발전에 관한 탁월한 연구서로 꼽힌다. 그밖의 저서로는 《경제 발전 이론》(1912, 2판 1968), 2권으로 된 《경기순환론: 자본주의 동향에 관한 이론적·역사적·통계적 분석》(1939, 수정판 1964) 등이 있다.

스미스 Smith, Adam(1723~1790) 스코틀랜드의 사회철학자·정치경제학자. 《국부론》으로 알려져 있는 대표적인 저서 《국부(國富)의 성질과 원인에 관한 연구》(1776)는 자유 방임주의를 표방한 최초의 경제학 저서로 잘 알려져 있다.

스타인벡 Steinbeck, John (Ernst)(1902~1968) 미국의 소설가. 대공황이 일어난 1920년대의 비참한 생활상을 그린 작품은 농장노동자로 일하는 이주민들의 역경에 대해 광범위한 동정을 불러일으켰다. 《분노의 포도》(1939)로 가장 잘 알려져 있다. 1962년 노벨 문학상을 받았다.

아리스토텔레스 Aristoteles(B. C. 384~B. C. 322) 고대 그리스의 철학자·과학자. 플라톤과 함께 그리스 최고의 사상가로 꼽히는 인물로 서양 지성사의 방향과 내용에 매우 큰 영향을 끼쳤다. 그가 세운 철학과 과학의 체계는 여러 세기 동안 중세 그리스도교 사상과 스콜라주의 사상을 뒷받침했다. 17세기말까지 서양 문화는 아리스토텔레스주의였으며, 수백 년에 걸친 과학 혁명 뒤에도 아리스토텔레스주의는 서양 사상에 여전히 뿌리 깊게 남아 있었다.

아리스토텔레스가 연구한 지식 분야는 물리학·화학·생물학·동물학·심리학·정치학·윤리학·논리학·형이상학·역사·문예 이론·수사학 등 매우 다양하다. 가장 큰 업적은 형식논리학과 동물학 분야의 연구이다. 아리스토텔레스의 동물학은 이제 낡은 것이 되었지만, 19세기까지는 관찰과 이론면에서 그의 연구를 넘어선 사람이 없었다. 철학 분야에서 아리스토텔레스는 아직도 살아 있다. 삼단논법론은 이제 형식논리학의 작은 부분일 뿐이지만, 그의 윤리학·정치학·형이상학·과학철학 등은 현대 철학자들 사이에서도 논의되고 있다.

아인슈타인 Einstein, Albert(1879~1955) 독일의 물리학자. 20세기초의 창조성이 뛰어난 대표적 지식인이었던 알베르트 아인슈타인은 20세기초 15년 동안 질량과 에너지의 등가를 단언하고 공간·시간·중력에 관한 새로운 사고 방식을 제안한 일련의 이론들을 내놓았다. 그의 상대성 원리와 중력에 관한 이론들은 뉴턴 물리학을 넘어서는 심오한 진전이었고, 과학적 탐구와 철학적 탐구에 혁명을 일으켰으며, 1921년 노벨 물리학상을 받았다. 그는 자신이 '사회 정의와 사회적 책임이라는 열정적 감각'을 갖고 있음을 인정했다. 아인슈타인은 그의 명성 덕택으로 평화주의·자유주의·시오니즘과 같은 대의를 지지하는 데 영향력이 있었다. 그러나 아이러니컬하게도 이러한 이상주의적인 사람이 물질 입자가 엄청난 양의 에너지로 바뀔 수 있다는 에너지-질량 방정식 가설로, 지금까지 알려진 가장 파괴적인 무기인 원자폭탄과 수소폭탄의 창조를 증명했다.

엘뤼아르 Éluard, Paul(1895~1952) 프랑스의 시인. 초현실주의 운동의 창시자 가운데 한 사람이며, 20세기의 대표적 서정시인이다. 제1·2차 세계대전, 스페인 내란, 독일군 점령, 레지스탕스, 공산당 투쟁, 연애, 시사 동향, 만남, 우정, 꿈 등 자신의 인생 경험을 소재로 작품을 썼다.

1919년 앙드레 브르통, 필리프 수포, 루이 아라공 등 초현실주의 시인들과 알게 되어 1938년까지 매우 가깝게 지냈다. 첫번째 주요 작품인 《고통의 수도》(1926)에서는 새로운 언어 기법을 실험했고, 꿈과 현실의 관계에 대한 이론을 적용했으며, 의식의 흐름을 자유롭게 표현했다. 뒤이어 《대중의 장미》(1934) ·《풍요로운 눈》(1936) 등을 발표했는데, 일반적으로 이 3권의 책에 실린 시들은 초현실주의 운동이 낳은 가장 탁월한 작품으로 평가된다. 또한 이 시기에 앙드레 브르통과 함께 《무염시태(無染始胎)》(1930)에서 정신불안 증세의 진행 과정을 연구했다.

스페인 내란 뒤에는 초현실주의 실험을 그만두었다. 후기 작품에는 정치적 투쟁 성향이 잘 나타나 있으며, 독재를 반대하고 행복을 추구하는 기본 입장이 더 확고해졌다. 1942년 공산당에 들어갔으며, 인간의 고통과 동지애를 다룬 작품 《시와 진실》(1942) ·《독일군의 집합소에서》(1944) ·《살 만한 가치》(1944) 등은 제2차 세계대전중 비밀리에 유포되어 레지스탕스의 사기를 높였다. 특히 《시와 진실》에 수록되어 있는 그 유명한 시 《자유》는 프랑스의 대표적인 저항시로 알려져 있다. 전쟁이 끝난 뒤 발표한 《모든 것을 말하라》(1951) ·《불사조》(1951) 등은, 시어가 간결하고 표현이 생생하여 프랑스의 대표적 서정시로 꼽히고 있다.

윗슨 Watson, Thomas Augustus(1854~1934) 미국의 전화 창시자, 조선업자. 벨전화 회사를 설립하는 데 공헌했고, 나중에 조선업으로 전향하여 미국 정부에서 필요로 하는 많은 선박을 건조했다.

14세에 학교를 그만두고 보스턴의 전기 공장에서 일을 시작했다. 이곳에서 A. G. 벨을 만나 그와 함께 전화 실험에 힘썼다. 1877년 벨전화 회사가 설립되자 사업의 일부분을 인수받아 연구 및 기술 개발을 담당하게 되었다. 1881년 벨전화 회사를 그만두고 F. O. 웰링턴과 동업하여 새로운 사업을 시작했다. 이들은 기관과 선박을 제작했으며, 1896년 처음으로 정부로부터 구축함 2척을 주문받았다. 그후 1904년 은퇴할 때까지 8년 동안 매사추세츠 퀸시에 있는 자신의 조선소인 포어리버선박-기관 회사(Fore River Ship & Engine Company)에서 등대선과 순양함, 전함, 스쿠너(schooner: 2~4개의 돛대가 있고 세로 돛을 장치한 서양식 범선) 등을 제작했다.

제번스 Jevons, William Stanley(1835~1882) 영국의 논리학자·경제학

자. 그는 1871년에 저술한 《정치경제학 이론》에서 최종(한계) 효용 가
치 이론을 전개했다. 제번스의 업적은 1871년에 빈의 카를 멩거와 1874
년에 스위스의 레옹 발라에 의해 이루어진 유사한 발견과 더불어 경
제 사상사에 새로운 지평을 열었다.

　　1854년에 런던에 있는 유니버시티 칼리지에서 자연과학을 공부하기
시작했고, 오스트레일리아의 시드니에서 광석분석가로 근무했다. 그
곳에서 그는 정치경제학과 사회 연구들에 관심을 갖게 되었다. 1859
년에 영국으로 돌아왔을 때, 그는 곧 자신의 독창적이고 기본적인 2
편의 논문 〈정치경제학의 일반 수학적 이론〉(1862)·〈금 가치의 폭
락〉(1863)을 완성했다. 첫번째 논문에서 그는 훗날 한계 효용 가치 이
론으로 알려지게 되는 내용의 개요를 적고 있다. 2번째 논문에서 캘
리포니아와 오스트레일리아 금광 발견 이후의 물가 상승을 측정하여
그때까지 개발된 지수 이론(指數理論)에 크게 기여했다. 그러나 그가
대중적으로 인정을 받은 것은 영국의 석탄 공급이 점차 고갈되어 가
는 것에 대해 관심을 불러모은 《석탄 문제》(1865)를 출판하고 나서부
터이다. 1866년 제번스는 맨체스터의 오윈스대학의 정치경제학과 교
수로 임명되었다. 그는 1876년 유니버시티 칼리지로 옮겼다. 논리학과
과학적 방법에 관한 저작으로 가장 중요한 것은 1874년에 출판된 《과
학의 원리》이다. 그외에 주목할 만한 저작으로 《정치경제학 이론》
(1871)·《노동과의 관계 속에서의 국가》(1882)가 있다.

주노 Juno 유노라고도 함. 로마 신화에 나오는 최고 여신이며, 주피터의
아내. 그리스 신화의 헤라와 매우 유사하며 대개는 동일시된다. 주피
터·미네르바와 함께 에트루리아 왕들이 전통적으로 도입한 카피톨
신전의 세 신 중 하나였다. 여자들의 삶, 특히 결혼 생활의 전반과 관
련된다. 출산의 여신 주노 루키나를 기리는 신전이 B. C. 4세기부터
에스퀼리누스 언덕에 있었다. 여성을 위로하는 역할을 하는 여신으로
서 여러 가지 이름을 가지고 있었다. 여성들의 수호천사로서, 모든 남
자가 자신의 수호신인 게니우스를 가지고 있듯이 모든 여성은 주노를
가지고 있었다. 따라서 어떤 의미에서 주노는 여성적인 삶의 원리를
표현한다고 할 수 있다.

　　주노에 대한 숭배가 확대됨에 따라 더 많은 기능을 수행하는 것으

로 인정되었고, 그리스의 헤라처럼 국가의 주요 여신이 되었다. 예를 들면 무장한 신 소스피타는, 라티움 전체 특히 라누비움에서 처음에는 여성의 구원자로 나중에는 국가의 구원자로 숭배되었다. B. C. 344년경에 아륵스(카피톨리누스 언덕의 북쪽 정상)에 주노 모네타(경고자)를 기리는 사원이 세워졌다. 이 사원은 후에 로마의 조폐국이 되었으며, 화폐(mint)와 돈(money)이라는 말은 '모네타'에서 유래된 것이다. 플루타르코스에 따르면, 그녀의 신성한 거위가 꽥꽥대는 소리 덕분에 아륵스는 B. C. 390년 갈리아의 공격에서 안전할 수 있었다고 한다. 그녀를 기리는 중요한 축제는 3월 1일에 개최되는 마트로날리아 축제와 7월 7일 캄푸스 마르티우스의 야생 무화과나무 아래에서 열리는 노나이 카프로티나이 축제였다. 주노는 여러 모습으로 표현되나 대체로 매우 아름다우며, 때로는 전사의 특성을 갖춘 품위 있고 당당한 부인으로 그려진다.

캉티용 Cantillon, Richard(17세기 후반~1734) 아일랜드의 경제학자·금융업자. 초기 근대경제학에 대한 논문을 썼다. 노르만계 아일랜드인인 캉티용은 제임스 2세 옹호파로서 프랑스에서 대부분의 생애를 보냈다. 파리에서 아저씨의 빚투성이 은행을 넘겨받아 존 로의 미시시피 계획이 실패한 틈을 타 부자가 되었다. 그는 암스테르담을 비롯한 여러 대도시에서 대규모 거래를 하는 금융업자로 활약했다. 캉티용은 그가 해고한 요리사에 의해 살해되었다. 요리사는 캉티용의 집에 불을 지르고 도둑질을 하였는데, 이 화재 속에서도 캉티용의 명저 《상업론》이 보존되었다. 이 책은 1730~34년경에 씌어져서 1755년 미라보 후작에 의해 출간된 것으로 캉티용의 명성은 이 한 권의 책에 고스란히 남아 있다. 이 책에서 다루어진 인구 문제는 미라보와 애덤 스미스, 그리고 스미스를 통해서 맬서스에게 영향을 주었다. 이 책에 들어 있는 상대 임금 이론은 스미스에 의해서도 활용되었다. 중농주의자들의 유명한 《경제표》는 《상업론》에서 영감을 얻은 것으로 보이며, 이 책에서 화폐 이론을 취급한 사실은 선구자적인 중요성을 가진다. 캉티용은 화폐의 수량을 중요하게 여긴 이론가로 화폐의 유통 속도와 양을 결정하는 요인을 추산했고, 귀금속의 국제적 배분이 자동적으로 조정된다는 이론을 발전시켰으며, 통화량이 여러 가지 방법으로 증가할 때 그 각 방법이 경제 활동의 순환에 미치는 영향을 탐구했다.

케네 Quesnay, François(1694~1774) 프랑스의 경제학자. 최초의 체계적인 정치경제학파인 중농학파의 창시자이다. 베르사유에서 루이 15세의 고문 의사로 있으면서 경제학에 대한 관심을 갖기 시작했으나, 60세 이후까지 경제학에 대한 1권의 책도 펴내지 않았다. 그는 퐁파두르 부인의 후원으로 장 드 구르네와 함께 경제학파를 설립했다. 케네의 정치경제학 체계는 1758년에 발간된 《경제표》에 요약되어 있는데, 여기서는 여러 경제 계급 및 사회 부문과 그들 사이의 지불의 흐름을 일목요연하게 나타내고 있다. 《경제표》에서 그는 경제 균형이라는 가설을 발전시켰는데, 이 개념은 뒤에 많은 경제 분석의 출발점이 되었다. 특히 중요한 것은 자본을 전불(前拂, avances), 또는 생산 이전에 축적되어야 할 부의 저장이라고 분석한 것인데, 케네는 전불을 고정 자본과 순환 자본으로 분류했다. 케네는 저축이 해로울 수도 있다고 믿었다. 왜냐하면 저축이 투자되지 않는다면 지불 흐름의 균형을 깨뜨릴 수도 있기 때문이다. 케네의 이러한 분석은 거의 2세기 뒤에 이루어진 J. M. 케인스의 분석과 비슷하다. 케네의 중농주의 체계와 정책 원리는 자연법 사상의 극단적 형태에서 나온 방법론이다. 케네는 자연법 사상을 받아들여 경제학의 자유 방임주의는 자연법을 따른 것이고, 따라서 신이 정한 경제 질서를 나타낸다고 주장했다. 실제로 그는 19세기에 등장한 계급 이익의 조화라는 원칙과 계급 이익의 조화를 위한 최대의 사회적 만족은 자유 경쟁 아래 달성된다는 학설을 창시한 사람 중의 하나이다.

케네디 Kennedy, John F(itzgerald)(1917~1963) 미국의 제35대 대통령(1961~63). 재임중 쿠바 사태, 베를린 봉쇄 등 여러 가지 어려운 위기를 맞았으며, 핵실험 금지 조약의 체결과 '진보 동맹' 결성 등의 업적을 남겼다. 댈러스에서 자동차로 가두 행진을 벌이던 중 암살당했다.

케인스 Keynes, John Maynard(1883~1946) 영국의 경제학자·언론인·금융인. 만성적 실업의 원인에 대한 혁신적인 경제 이론으로 잘 알려져 있다. 케인스주의 경제학을 제창한 것으로 알려진 그의 대표적 저작 《고용·이자 및 화폐에 관한 일반 이론》(1935~36)에서 그는 정부가 주도하는 완전 고용 정책에 기초하여 경제 침체에 대한 치유책을 주창했다.

케인스학파 Keynesian school 케인스의 저서인 《고용·이자 및 화폐에 관한 일반 이론》(1935~36)의 출판 후, 이 이론의 영향을 받아 소득 분석을 발전시켜서 일반적 불완전 고용균형론을 전개한 학파. 1929년에 시작한 세계적 공황을 배경으로 주목받게 된 케인스의 《일반 이론》은 이전까지 가정되어 왔던 J. B. 세이의 법칙을 부정하고, 유효 수요론과 승수 이론을 두 개의 축으로 하여 유동성 선호이자론(選好利子論)을 도입했으며, 실업과 불황의 원인을 해명하고 새로운 경제 체제의 메커니즘을 이론화하여 많은 경제학자의 찬동을 얻었다. 케인스학파는 유효 수요의 원리를 바탕으로 적극적인 재정 금융 정책에 의해 완전 고용을 실현하는 데 경제 정책의 목표를 두고 있다. 케인스학파의 경제학자들은 미국의 A. H. 한센, P. A. 새뮤얼슨, I. R. 클레인, S. E. 해리스, C. 하벌러, 영국의 J. 힉스, R. 해롯, N. 칼도어, J. 로빈슨 등이다. 오늘날 일부를 제외한 대부분의 경제학자는 케인스학파에 속한다고 할 수 있는데, 경제학의 신고전파에 대립하는 일단의 경제학자들을 가리켜 특히 포스트(post)케인스학파 또는 네오(neo)케임브리지 학파라는 명칭을 붙이기도 한다.

클린턴 Clinton, Bill(1946~) 미국의 정치가. 1992년 11월 3일 미국의 제42대 대통령으로 당선되었다. 변화를 강조한 그는 부통령 후보로 나선 앨버트 고어 2세와 함께 대통령 정치학의 새로운 시대를 개막한 베이비붐 세대를 상징한다.

토마스 아퀴나스 Saint Thomas Aquinas(1224/25~1274) 그리스도교 철학자. 인성·창조·섭리를 다룬 형이상학 분야에서 아리스토텔레스의 전제들로부터 그 나름의 결론을 이끌어 냈다. 《신학 대전》·《이단 논박 대전》이라는 두 편의 걸작을 써서 라틴신학을 고전적으로 체계화한 신학자였으며, 교회 전례에서 사용되는 몇 편의 아름다운 찬송가를 지은 시인이었다. 현대 로마 가톨릭 신학자들 가운데는 그의 견해에 동의하지 않는 사람들이 많이 있지만, 로마 가톨릭 교회는 그를 가장 뛰어난 철학자이며 신학자로 인정한다

토빈 Tobin, James(1918~) 미국의 경제학자. 투자 행위에 관한 이론을 공식화하는 데 공헌했다. 그의 이론은 금융 시장을 이해하는 데 중요

한 실제적 가치를 지니는 것으로 1981년 노벨 경제학상을 받았다. 1939, 40년 하버드대학교에서 학위를 받고, 1941~42년 워싱턴 D. C. 의 물가관리국에서 경제학자로 일했다. 제2차 세계대전중 해군예비대로 복역했으며, 구축함 커니호의 2등 지휘관의 자리에까지 올랐다. 1947년 하버드대학교에서 박사 학위를 받고, 1950년 예일대학교의 교수가 되었으며, 1957년 스털링좌(座) 경제학 교수가 되었다. 대학에서 강의하는 한편 1955~61, 1964~65년 카울스 경제 조사 재단의 책임자로 일했다. 토빈은 위험, 포트폴리오 관리, 기초 상황에 대한 금융 시장의 정보 전달 역할 등과 같은 문제들을 명확하게 분석하여 케인스학파의 경제 분석적 유용성을 현저히 증대시켰다. 그의 저서로는 《미국의 사업 신조》(공저, 1961)·《국가 경제 정책》(1966)·《경제학 논문집》(3권, 1971~82)·《10년 뒤의 새로운 경제학》(1974) 등이 있다.

토크빌 Tocqueville, Alexis (Charles-Henri-Maurice Clérel) de(1805~1859) 프랑스의 정치학자·역사가·정치가. 19세기초의 미국 정치·사회 제도에 대한 예리한 분석서인 《미국의 민주주의》(4권, 1835~40)의 저자로 잘 알려져 있다.

파레토 Pareto, Vilfredo(1848~1923) 이탈리아의 경제학자·사회학자. 경제 분석에 대한 수학적 방법의 적용과 함께 대중과 엘리트간의 상호 작용에 관한 이론으로 알려져 있다. 토리노대학교에서 수학과 물리학을 공부했으며, 1869년 학교를 졸업한 뒤 이탈리아의 한 철도 회사와 대형 철강 회사에서 엔지니어로 근무했다. 피렌체대학교에서 철학과 정치학을 연구하면서, 수학적 방법을 이용해 경제 문제를 분석한 여러 편의 논문을 썼다. 1893년에는 레옹 발라의 뒤를 이어 스위스 로잔대학교의 경제학 교수가 되었다. 그의 첫 저서인 《경제학 강의》(1896~97)에는 많은 비난을 받았던 유명한 소득 분배 법칙이 들어 있다. 이 책에서 파레토는 복잡한 수학 공식을 통해 소득과 부의 분배는 임의적이지 않으며, 어느 사회에나 역사적으로 일관된 형태의 분배 법칙이 존재한다는 점을 입증하려고 했다. 주요 저서인 《경제학 제요》(1906)에서 그는 자신의 순수한 경제학 이론과 사회의 오펠리머티(ophelimity: 만족을 주는 힘)에 대한 분석을 한층 더 발전시켰다. 어떤 특정 개인을 남보다 우선적으로 더 후대하는 상황에서는 사회 자

원의 최적 분배가 이루어질 수 없다는 파레토 최적(Pareto optimum)
이라는 개념을 통해 현대 후생경제학의 초석을 놓았다. 그는 또한 '무
차별 곡선'이라는 분석적 도구를 도입했는데, 이것은 1930년대 이후
에야 보편적인 관심을 얻게 되었다.

  파레토는 경제학에 해결 불가능한 문제들이 있다고 생각하고 사회
학으로 전환하여, 스스로 최고의 저서로 꼽는 《일반사회학 개론》(1916)
에서 개인적·사회적 행동의 본성과 토대에 대해 탐구했다. 그는 능
력이 우월한 사람들이 자신의 사회적 위치를 강화하기 위해 적극적으
로 노력하기 때문에 사회 계급이 생기는 것이라고 주장했다. 하층 계
급의 특권층이 상층 엘리트로 상승하려는 과정에서 스스로의 능력을
개발하게 되는 반면에, 엘리트 내부에서는 정반대의 경향이 나타난다.
그 결과 하층 계급에서 가장 유능한 사람들이 상층 엘리트의 지위에
도전하면, '엘리트의 순환'이 발생하게 된다. 파레토는 엘리트 우위론
으로 인해 종종 파시즘과 연관지어 언급되기도 한다.

푸앵카레 Poincaré, (Jules-)Henri(1854~1912) 프랑스의 수학자·이론천
문학자·과학철학자. 우주진화론, 상대성 이론, 그리고 위상수학에 영향
을 미쳤고, 일반 대중에게 과학을 해석해 주는 탁월한 재능을 가졌다.

프로이트 Freud, Sigmund(1856~1939) 오스트리아의 신경학자, 정신분
석학의 창시자. 지크문트 프로이트는 당대 최고의 지적 영향력을 가진
사람으로 볼 수 있다. 그의 정신분석학은 인간의 정신 및 정신병 치
료에 관한 이론인 동시에, 문화와 사회를 해석하는 시각을 제공하는
이론이다. 반복되는 비판과 논박·수정에도 불구하고 프로이트의 연
구는 그의 사후에도 유력한 분야로 계속 남아 있다.

프리드먼 Friedman, Milton(1912~　) 자유 방임주의를 옹호하는 미국의
경제학자. 1946년부터 시카고대학교 교수로 재직하고 있으며, 19세기
유럽에 풍미했던 자유주의를 주창했다. 1976년 노벨 경제학상을 받았
다. 1962년 아내인 로즈 D. 프리드먼과 함께 쓴 《자본주의와 자유》에
서, 그는 당시의 사회 복지 제도를 개인주의의 전통적인 가치에 반하
는 중앙 집권적·관료적이라고 비판하면서 이를 부(負)의 소득세로
대체할 것을 주장했다. 그의 다른 저작들로는 《미국의 통화사 1867~
1960》(1963)·《미국과 영국의 통화 추세》(1981) 등 화폐 이론과 관련

된 것들이 다수 있다.

플라톤 Platon(B. C. 428/427~B. C. 348/347) 고대 그리스의 철학자. 서양 문화의 철학적 기초를 마련한 고대 그리스의 위대한 철학자이다. 논리학·인식론·형이상학 등에 걸친 광범위하고 심오한 철학 체계를 전개했으며, 특히 그의 모든 사상의 발전에는 윤리적 동기가 바탕을 이루고 있다. 또한 이성이 인도하는 것이면 무엇이든 따라야 한다는 이성주의적 입장을 고수했다. 따라서 플라톤 철학의 핵심은 이성주의적 윤리학이다.

피구 Pigou, Arthur Cecil(1877~1959) 영국의 경제학자. 후생경제학 분야의 연구로 유명하다. 케임브리지대학교 킹스 칼리지에서 수학한 피구는, 1908년 알프레드 마셜로부터 케임브리지대학교 정치경제학 교수직을 승계받았다. 그는 마셜의 사상을 널리 보급하고, 케임브리지학파의 이론적 기초를 제공하는 데 결정적인 역할을 했다. 그의 가장 중요한 저작은 《후생경제학》(1920)이다. 그는 여기서 경제 활동이 사회 또는 사회 내 다양한 집단·계급의 후생에 미치는 효과를 연구했다. 피구는 자신의 경제학적 분석력을 조세 정책·실업·재정 등을 포함한 여타의 문제들에 적용했다. 또한 그는 1919~20년 왕립소득세위원회에서, 1918~19, 1924~25년에는 통화위원회에서 활동했다.

피노체트 Pinochet (Ugarte), Augusto(1915~　) 칠레의 군인·대통령. 1973년 9월 11일 군사 쿠데타를 주동하여 살바도르 아옌데 대통령의 사회주의 정부를 뒤엎고 군사평의회 의장이 되었으며, 그후 칠레 군사 정부의 대통령을 역임했다.

피셔 Fisher, Irving(1867~1947) 미국의 경제학자. 자본 이론에 대한 연구로 널리 알려졌으며, 근대적인 통화 이론의 발전에도 기여했다. 피셔는 예일대학교에서 1888년 학사 학위, 1891년 박사 학위를 각각 취득했다. 그는 동대학에서 1892~95년에 수학을 강의했고, 1895~1935년에 경제학을 가르쳤다. 그는 저서 《화폐의 구매력》(1911)에서 통화량의 변화와 물가 수준의 변화 사이의 관계에 대한 근대적인 개념을 발전시켰다. 그는 1912~35년에 각종 연설문, 신문, 기고문, 논문, 정부 기관 보고서, 회람장, 책 등 3백31개에 달하는 서류를 작성하여, 그가 주장하는 구매력의 일정한 보정(補整) 달러 또는 상품 달러에 대한 이론을 개진했다. 피셔는 달러의 가치를 일정한 금의 무게로 규정하는 것에 반대하고, 일정한 크기의 상품군의 가격 지수에 의해 결정되는 금의 가치로 달러의 가치를 규정할 것을 제안했다.

피셔는 건강·우생학·국토 보존·금주법·국제 연맹을 포함하는 다양한 분야의 개혁에 관심을 가졌다. 그는 또한 사업가로서의 자질을 발휘하여 1910년 카드색인 서류철을 발명해 돈을 벌었으며, 1926년에는 레밍턴랜드사를 설립해 죽을 때까지 사장으로 있었다. 《화폐의 구매력》 이외에도 《가치와 가격 이론에 대한 수학적 연구》(1892)·《자본과 소득의 성격》(1906)·《지수 작성법》(1922)·《이자 이론》(1930)·《호황과 불황》(1932) 등 20여 권의 저서가 있다.

필립스 곡선 Phillips curve 실업률 또는 실업의 증가율과 명목 임금의 상승률간의 경제적 관계를 그래프로 나타낸 것. 이것은 실업률이 낮을 때 임금이 보다 빠르게 상승하는 경향이 있음을 보여 준다. 1958년 A. W. 필립스는 자신의 논문에서 1861~1957년 영국의 실업률과 명목 임금의 상승률을 그래프로 작성했다. 그는 수입 가격이 큰 폭으로 상승한 해를 예외로 하고, 명목 임금의 상승률이 실업률 수준에 의해 설명될 수 있음을 발견했다. 전통적인 경제 이론에 따르면, 실업률이 낮을 때 고용주는 경쟁자로부터 양질의 노동력을 끌어 오기 위해 임금을 올리려고 하는 반면, 실업률이 높을 때는 그러한 인상이 불필요해지므로 명목 임금의 상승률은 보다 낮아진다. 필립스 곡선은 특정한 실업 수준은 특정한 임금 상승률을 의미하기 때문에 낮은 실업률과 낮은 물가 상승률은 동시에 달성될 수 없다는 것을 나타낸다. 그러나 최근에는 실업과 물가 상승률 사이의 관계가 너무 불안정하여 필립스 곡선 개념이 이용될 수 없다는 주장이 대두되고 있다. 특히 대부분의 나라에서 상대적으로 높은 실업률과 높은 임금 상승을 경험했던 1970년대 초반의 상황은 필립스 곡선 위의 평면에 표시될 수 있다.

하예크 Hayek, Friedrich A(ugust von)(1899~1992) 오스트리아 태생 영국의 경제학자. 보수주의자로서 케인스주의적 복지 국가관에 대한 비판으로 유명하다. 1974년에 스웨덴의 자유주의 경제학자 G. 뮈르달과 공동으로 노벨 경제학상을 수상했다. 하예크는 빈대학교의 식물학 교수였던 아우구스트 폰 하예크의 아들로 태어났다. 그는 빈대학교에서 법학·심리학·경제학 등을 공부했으며, 1923년에 박사 학위를 받았다. 1923~24년에 뉴욕대학교에서 수학한 뒤 오스트리아 경제과학연구소의 소장이 되었다. 1931년 런던으로 옮겨 온 후 런던대학교와 런던정치경제대학에 자리를 얻었고, 1938년에는 영국 시민권을 얻었다. 1950~62년 시카고대학교에서 사회윤리학 교수로 재직했고, 은퇴할 즈음에는 프라이부르크대학교의 종신 교수직에 임명되었으며, 잘츠부르크대학교에서 가르치기도 했다.

하예크의 보수주의적인 견해에 따르면, 시장에 대한 정부의 통제와 개입은 인플레이션·실업·경기 침체·불황 등과 같은 경제적 불안정을 초래할 뿐이다. 1944년에 그는 《예종에의 길》에서 온건한 점진적 개혁이나 정부의 개입은 궁극적으로 히틀러의 전체주의에 길을 열어주는 것과 같은 국가적인 재앙을 불가피하게 초래하게 될 것이라고 주장했다. 하예크의 다른 저작으로는 《물가와 생산》(1931)·《순수자본론》(1944)·《자유주의 구조》(1960)·《법, 입법, 그리고 자유》(1978)·《실업과 통화 정책: 경기 순환 주체로서의 정부》(1979) 등이 있다.

흄 Hume, David(1711~1776) 18세기 스코틀랜드의 경험론 철학자, 역사가, 경제학자, 저술가. 철학을 인간 본성에 대한 귀납적 실험과학으로 보고, 뉴턴의 과학 방법과 존 로크의 인식론을 기초로 해서 인식이 생겨날 때 정신이 어떻게 작용하는지를 설명하려 했다. 그는 경험을 떠나서는 어떤 인식도 불가능하다고 주장했다. 그의 인식론이 후세에 지속적인 영향력을 끼쳤음에도 불구하고 정작 자신은 도덕가로 자처한 듯하다.

이은민

서강대학교 불어불문과 졸업
서강대 불어불문과 대학원 졸업
역서 :《이미지의 폭력》《동양과 서양 사이》
《하나이지 않은 성》《무관심의 절정》
《삶의 기쁨들》

현대신서
25

청소년을 위한 이야기 경제학

초판발행 : 2001년 4월 30일

지은이 : 앙드레 푸르상
옮긴이 : 이은민
펴낸이 : 辛成大
펴낸곳 : 東文選

제10-64호, 78.12.16 등록
110-300 서울 종로구 관훈동 74번지
전화 : 737-2795
팩스 : 723-4518

편집설계 : 李姃롯·韓智硯

ISBN 89-8038-082-8 04320
ISBN 89-8038-050-X (현대신서)

【東文選 現代新書】

1 21세기를 위한 새로운 엘리트	FORESEEN 연구소 / 김경현	7,000원
2 의지, 의무, 자유 — 주제별 논술	L. 밀러 / 이대희	6,000원
3 사유의 패배	A. 핑켈크로트 / 주태환	7,000원
4 문학이론	J. 컬러 / 이은경 · 임옥희	7,000원
5 불교란 무엇인가	D. 키언 / 고길환	6,000원
6 유대교란 무엇인가	N. 솔로몬 / 최창모	6,000원
7 20세기 프랑스철학	E. 매슈스 / 김종갑	8,000원
8 강의에 대한 강의	P. 부르디외 / 현택수	6,000원
9 텔레비전에 대하여	P. 부르디외 / 현택수	7,000원
10 고고학이란 무엇인가	P. 반 / 박범수	근간
11 우리는 무엇을 아는가	T. 나겔 / 오영미	5,000원
12 에쁘롱 — 니체의 문체들	J. 데리다 / 김다은	7,000원
13 히스테리 사례분석	S. 프로이트 / 태혜숙	7,000원
14 사랑의 지혜	A. 핑켈크로트 / 권유현	6,000원
15 일반미학	R. 카이유와 / 이경자	6,000원
16 본다는 것의 의미	J. 버거 / 박범수	10,000원
17 일본영화사	M. 테시에 / 최은미	7,000원
18 청소년을 위한 철학교실	A. 자카르 / 장혜영	7,000원
19 미술사학 입문	M. 포인턴 / 박범수	8,000원
20 클래식	M. 비어드 · J. 헨더슨 / 박범수	6,000원
21 정치란 무엇인가	K. 미노그 / 이정철	6,000원
22 이미지의 폭력	O. 몽젱 / 이은민	8,000원
23 청소년을 위한 경제학교실	J. C. 드루엥 / 조은미	6,000원
24 순진함의 유혹〔메디시스賞 수상작〕	P. 브뤼크네르 / 김웅권	9,000원
25 청소년을 위한 이야기 경제학	A. 푸르상 / 이은민	8,000원
26 부르디외 사회학 입문	P. 보네위츠 / 문경자	7,000원
27 돈은 하늘에서 떨어지지 않는다	K. 아른트 / 유영미	6,000원
28 상상력의 세계사	R. 보이아 / 김웅권	9,000원
29 지식을 교환하는 새로운 기술	A. 벵토릴라 外 / 김혜경	6,000원
30 니체 읽기	R. 비어즈워스 / 김웅권	6,000원
31 노동, 교환, 기술 — 주제별 논술	B. 데코사 / 신은영	6,000원
32 미국만들기	R. 로티 / 임옥희	근간
33 연극의 이해	A. 쿠프리 / 장혜영	8,000원
34 라틴문학의 이해	J. 가야르 / 김교신	8,000원
35 여성적 가치의 선택	FORESEEN연구소 / 문신원	7,000원
36 동양과 서양 사이	L. 이리가라이 / 이은민	7,000원
37 영화와 문학	R. 리처드슨 / 이형식	8,000원
38 분류하기의 유혹 — 생각하기와 조직하기	G. 비뇨 / 임기대	7,000원
39 사실주의 문학의 이해	G. 라루 / 조성애	8,000원
40 윤리학 — 악에 대한 의식에 관하여	A. 바디우 / 이종영	근간
41 武士道란 무엇인가	新渡戶稻造 / 심우성	근간

32	性과 결혼의 민족학	和田正平 / 沈雨晟	9,000원
33	農漁俗談辭典	宋在璇	12,000원
34	朝鮮의 鬼神	村山智順 / 金禧慶	12,000원
35	道敎와 中國文化	葛兆光 / 沈揆昊	15,000원
36	禪宗과 中國文化	葛兆光 / 鄭相泓·任炳權	8,000원
37	오페라의 역사	L. 오레이 / 류연희	절판
38	인도종교미술	A. 무케르지 / 崔炳植	14,000원
39	힌두교의 그림언어	안넬리제 外 / 全在星	9,000원
40	중국고대사회	許進雄 / 洪 熹	22,000원
41	중국문화개론	李宗桂 / 李宰碩	15,000원
42	龍鳳文化源流	王大有 / 林東錫	17,000원
43	甲骨學通論	王宇信 / 李宰錫	근간
44	朝鮮巫俗考	李能和 / 李在崑	12,000원
45	미술과 페미니즘	N. 부루드 外 / 扈承喜	9,000원
46	아프리카미술	P. 윌레뜨 / 崔炳植	절판
47	美의 歷程	李澤厚 / 尹壽榮	22,000원
48	曼茶羅의 神들	立川武藏 / 金龜山	절판
49	朝鮮歲時記	洪錫謨 外/李錫浩	30,000원
50	하 상	蘇曉康 外 / 洪 熹	절판
51	武藝圖譜通志 實技解題	正 祖 / 沈雨晟·金光錫	15,000원
52	古文字學첫걸음	李學勤 / 河永三	14,000원
53	體育美學	胡小明 / 閔永淑	10,000원
54	아시아 美術의 再發見	崔炳植	9,000원
55	曆과 占의 科學	永田久 / 沈雨晟	8,000원
56	中國小學史	胡奇光 / 李宰碩	20,000원
57	中國甲骨學史	吳浩坤 外 / 梁東淑	근간
58	꿈의 철학	劉文英 / 河永三	22,000원
59	女神들의 인도	立川武藏 / 金龜山	13,000원
60	性의 역사	J. L. 플랑드렝 / 편집부	18,000원
61	쉬르섹슈얼리티	W. 챠드윅 / 편집부	10,000원
62	여성속담사전	宋在璇	18,000원
63	박재서희곡선	朴栽緖	10,000원
64	東北民族源流	孫進己 / 林東錫	13,000원
65	朝鮮巫俗의 研究(상·하)	赤松智城·秋葉隆 / 沈雨晟	28,000원
66	中國文學 속의 孤獨感	斯波六郎 / 尹壽榮	8,000원
67	한국사회주의 연극운동사	李康列	8,000원
68	스포츠인류학	K. 블랑챠드 外 / 박기동 外	12,000원
69	리조복식도감	리팔찬	절판
70	娼 婦	A. 꼬르벵 / 李宗旼	22,000원
71	조선민요연구	高晶玉	30,000원
72	楚文化史	張正明	근간
73	시간, 욕망 그리고 공포	A. 꼬르벵	근간

74	本國劍	金光錫	40,000원
75	노트와 반노트	E. 이오네스코 / 박형섭	절판
76	朝鮮美術史研究	尹喜淳	7,000원
77	拳法要訣	金光錫	10,000원
78	艸衣選集	艸衣意恂 / 林鍾旭	14,000원
79	漢語音韻學講義	董少文 / 林東錫	10,000원
80	이오네스코 연극미학	C. 위베르 / 박형섭	9,000원
81	중국문자훈고학사전	全廣鎭 편역	15,000원
82	상말속담사전	宋在璇	10,000원
83	書法論叢	沈尹默 / 郭魯鳳	8,000원
84	침실의 문화사	P. 디비 / 편집부	9,000원
85	禮의 精神	柳肅 / 洪 熹	10,000원
86	조선공예개관	日本民芸協會 편 / 沈雨晟	30,000원
87	性愛의 社會史	J. 솔레 / 李宗旼	18,000원
88	러시아미술사	A. I 조토프 / 이건수	16,000원
89	中國書藝論文選	郭魯鳳 選譯	25,000원
90	朝鮮美術史	關野貞 / 沈雨晟	근간
91	美術版 탄트라	P. 로슨 / 편집부	8,000원
92	군달리니	A. 무케르지 / 편집부	9,000원
93	카마수트라	바짜야나 / 鄭泰爀	10,000원
94	중국언어학총론	J. 노먼 / 全廣鎭	18,000원
95	運氣學說	任應秋 / 李宰碩	8,000원
96	동물속담사전	宋在璇	20,000원
97	자본주의의 아비투스	P. 부르디외 / 최종철	6,000원
98	宗敎學入門	F. 막스 뮐러 / 金龜山	10,000원
99	변 화	P. 바츨라빅크 外 / 박인철	10,000원
100	우리나라 민속놀이	沈雨晟	15,000원
101	歌訣(중국역대명언경구집)	李宰碩 편역	20,000원
102	아니마와 아니무스	A. 융 / 박해순	8,000원
103	나, 너, 우리	L. 이리가라이 / 박정오	10,000원
104	베케트연극론	M. 푸크레 / 박형섭	8,000원
105	포르노그래피	A. 드워킨 / 유혜련	12,000원
106	셸 링	M. 하이데거 / 최상욱	12,000원
107	프랑수아 비용	宋 勉	18,000원
108	중국서예 80제	郭魯鳳 편역	16,000원
109	性과 미디어	W. B. 키 / 박해순	12,000원
110	中國正史朝鮮列國傳(전2권)	金聲九 편역	120,000원
111	질병의 기원	T. 매큐언 / 서 일 · 박종연	12,000원
112	과학과 젠더	E. F. 켈러 / 민경숙 · 이현주	10,000원
113	물질문명 · 경제 · 자본주의	F. 브로델 / 이문숙 外	절판
114	이탈리아인 태고의 지혜	G. 비코 / 李源斗	8,000원
115	中國武俠史	陳 山 / 姜鳳求	18,000원

116	공포의 권력	J. 크리스테바 / 서민원	근간
117	주색잡기속담사전	宋在璇	15,000원
118	죽음 앞에 선 인간(상·하)	P. 아리에스 / 劉仙子	각권 8,000원
119	철학에 대하여	L. 알튀세르 / 서관모·백승욱	12,000원
120	다른 곳	J. 데리다 / 김다은·이혜지	10,000원
121	문학비평방법론	D. 베르제 外 / 민혜숙	12,000원
122	자기의 테크놀로지	M. 푸코 / 이희원	12,000원
123	새로운 학문	G. 비코 / 李源斗	22,000원
124	천재와 광기	P. 브르노 / 김웅권	13,000원
125	중국은사문화	馬 華·陳正宏 / 강경범·천현경	12,000원
126	푸코와 페미니즘	C. 라마자노글루 外 / 최 영 外	16,000원
127	역사주의	P. 해밀턴 / 임옥희	12,000원
128	中國書藝美學	宋 民 / 郭魯鳳	16,000원
129	죽음의 역사	P. 아리에스 / 이종민	13,000원
130	돈속담사전	宋在璇 편	15,000원
131	동양극장과 연극인들	김영무	15,000원
132	生育神과 性巫術	宋兆麟 / 洪 熹	20,000원
133	미학의 핵심	M. M. 이턴 / 유호전	14,000원
134	전사와 농민	J. 뒤비 / 최생열	18,000원
135	여성의 상태	N. 에니크 / 서민원	22,000원
136	중세의 지식인들	J. 르 고프 / 최애리	18,000원
137	구조주의의 역사(전4권)	F. 도스 / 이봉지 外	각권 13,000원
138	글쓰기의 문제해결전략	L. 플라워 / 원진숙·황정현	20,000원
139	음식속담사전	宋在璇 편	16,000원
140	고전수필개론	權 瑚	16,000원
141	예술의 규칙	P. 부르디외 / 하태환	23,000원
142	"사회를 보호해야 한다"	M. 푸코 / 박정자	20,000원
143	페미니즘사전	L. 터틀 / 호승희·유혜련	26,000원
144	여성심벌사전	B. G. 워커 / 정소영	근간
145	모데르니테 모데르니테	H. 메쇼닉 / 김다은	20,000원
146	눈물의 역사	A. 벵상뷔포 / 김자경	18,000원
147	모더니티입문	H. 르페브르 / 이종민	24,000원
148	재생산	P. 부르디외 / 이상호	18,000원
149	종교철학의 핵심	W. J. 웨인라이트 / 김희수	18,000원
150	기호와 몽상	A. 시몽 / 박형섭	22,000원
151	융분석비평사전	A. 새뮤얼 外 / 민혜숙	16,000원
152	운보 김기창 예술론연구	최병식	14,000원
153	시적 언어의 혁명	J. 크리스테바 / 김인환	20,000원
154	예술의 위기	Y. 미쇼 / 하태환	15,000원
155	프랑스사회사	G. 뒤프 / 박 단	16,000원
156	중국문예심리학사	劉偉林 / 沈揆昊	30,000원
157	무지카 프라티카	M. 캐넌 / 김혜중	25,000원

【기 타】

■ 산이 높으면 마땅히 우러러볼 일이다　　　유　향 / 임동석　　　5,000원
■ 서기 1000년과 서기 2000년 그 두려움의 흔적들　J. 뒤비 / 양영란　　8,000원
■ 선종이야기　　　　　　　　　홍　희 편저　　　　8,000원
■ 섬으로 흐르는 역사　　　　　김영희　　　　　10,000원
■ 세계사상　　　　　　　　창간호~3호: 각권 10,000원 / 4호: 14,000원
■ 십이속상도안집　　　　　　편집부　　　　　　8,000원
■ 어린이 수묵화의 첫걸음(전6권)　趙　陽　　　　42,000원
■ 오늘 다 못다한 말은　　　　이외수 편　　　　6,000원
■ 오블라디 오블라다, 인생은 브래지어 위를 흐른다　무라카미 하루키 / 김난주　7,000원
■ 잠수복과 나비　　　　　　　J. D. 보비 / 양영란　　6,000원
■ 천연기념물이 된 바보　　　　최병식　　　　　7,800원
■ 原本 武藝圖譜通志　　　　　正祖 命撰　　　　60,000원
■ 隷字編　　　　　　　　　　洪鈞陶　　　　　40,000원
■ 테오의 여행 (전5권)　　　　C. 클레망 / 양영란　　각권 6,000원
■ 한글 설원 (상·중·하)　　　임동석 옮김　　　각권 7,000원
■ 한글 안자춘추　　　　　　　임동석 옮김　　　8,000원
■ 한글 수신기 (상·하)　　　　임동석 옮김　　　각권 8,000원

【조병화 작품집】
■ 공존의 이유　　　　　　　　제11시점　　　　　5,000원
■ 그리운 사람이 있다는 것은　　제45시집　　　　5,000원
■ 길　　　　　　　　　　　　애송시모음집　　　10,000원
■ 개구리의 명상　　　　　　　제40시집　　　　　3,000원
■ 꿈　　　　　　　　　　　　고희기념자선시집　10,000원
■ 따뜻한 슬픔　　　　　　　　제49시집　　　　　5,000원
■ 버리고 싶은 유산　　　　　　제 1시집　　　　　3,000원
■ 사랑의 노숙　　　　　　　　애송시집　　　　　4,000원
■ 사랑의 여백　　　　　　　　애송시화집　　　　5,000원
■ 사랑이 가기 전에　　　　　　제 5시집　　　　　4,000원
■ 시와 그림　　　　　　　　　애장본시화집　　　30,000원
■ 아내의 방　　　　　　　　　제44시집　　　　　4,000원
■ 잠 잃은 밤에　　　　　　　　제39시집　　　　　3,400원
■ 패각의 침실　　　　　　　　제 3시집　　　　　3,000원
■ 하루만의 위안　　　　　　　제 2시집　　　　　3,000원

【이외수 작품집】
■ 겨울나기　　　　　　　　　창작소설　　　　　7,000원
■ 그대에게 던지는 사랑의 그물　에세이　　　　　7,000원
■ 꿈꾸는 식물　　　　　　　　장편소설　　　　　6,000원
■ 내 잠 속에 비 내리는데　　　에세이　　　　　7,000원
■ 들 개　　　　　　　　　　　장편소설　　　　　7,000원
■ 말더듬이의 겨울수첩　　　　에스프리모음집　　7,000원

東文選 現代新書 27

돈은 하늘에서 떨어지지 않는다
(독일식 자녀 용돈 교육법)

카린 아른트 / 유영미 옮김

'바늘 도둑이 소 도둑 된다'는 속담에 따른다면, 어릴 때부터 호주머니 교육을 잘 받은 이는 도둑이 되어도 큰부자 도둑이 될 것이 틀림없다. 반면에 요즈음 우리는 어릴 때부터 호주머니 교육을 제대로 받지 못해 선대로부터 물려받은 유산을 다 말아먹고, 패가망신하는 재벌 2세나 졸부 2세들을 많이 보게 된다. 아무리 공부 많이 하고 훌륭한 대학을 나오고 재산을 많이 물려받아도 어릴 때부터 돈 쓰는 습관을 잘못 들이면 결코 희망적인 인생이 되지 못한다.

본서는 세계에서 가장 근검절약하기로 유명한 독일인들의 어린이 용돈 교육에 대한 지침서로서, 오늘날 극도의 소비지향적 사회에서 자라나는 아이들에게 우리가 무엇을 해줄 수 있을 것인지를 생각케 해준다.

용돈은 언제부터, 얼마나 줄 것인가? 한꺼번에 줄 것인가, 아니면 조금씩 줄 것인가? 어디에 어떻게 쓰라고 간섭할 것인가, 말 것인가? 집안일을 도왔을 때 용돈을 주는 것은? 성적이 올랐을 때 용돈을 주는 것은? 부모의 도움이 필요한 부분은? 아이들이 광고에 무방비 상태로 맡겨지지 않도록 하려면? 아이들을 주체적이고 의식 있는 소비자로 키우려면? 등등의 물음에 대해 저자는 재미있고 재치있는 사례를 들어가며 친절히 설명하고 있다. 그리고 무엇보다 먼저 우리 부모들이 자녀들의 용돈 교육을 제대로 가르칠 수 있는 자격을 갖추고 있는지를 묻고 있다.

東文選　現代新書 18

청소년을 위한 철학 교실

알베르 자카르[지음]

장혜영[옮김]

"무엇을 질문하고 어떻게 대답할 것인가?"

　철학은 끊임없는 질문과 답변 가운데에 있다. 질문은 진리에 대한 탐색이요, 답변은 존재와 세계에 대한 해석이다. 우리는 철학을 통해 존재의 근원에 이른다. 이 책은 프랑스 알비의 라스콜고등학교 철학교사인 위게트 플라네스와 철학자 알베르 자카르 사이의 철학 대담으로 철학적 질문과 답변의 과정을 명쾌히 보여 준다.

　이 책에는 타인·우애·정의 등 30개의 항목에 대한 철학자의 통찰이 간결하게 살아 있다. 철학교사가 사르트르의 유명한 구절, 즉 "지옥, 그것은 바로 타인이다"에 대해 반박을 요청하자, 저자는 그 인물이 천국에 들어갔다면 그는 틀림없이 "천국, 그것은 바로 타인이다"라고 이야기했을 것이라고 답한다. 결국 타인들은 우리의 지옥이 아니며, 그들이 우리와의 관계를 받아들이려 하지 않을 때 지옥을 만들어 낸다고 말한다.

　그렇다면 행복에 대해 이 철학자는 어떻게 답할까? "나에게 행복이란 타인들의 시선 안에서 스스로를 아름답다고 느끼는 것입니다"는 것이 그의 답변이다. 이 책은 막연한 것들에 대해 명징한 질문과 성찰로 우리가 새로운 질문을 던지고, 스스로 그 답을 찾을 수 있는 실마리를 제공한다.　　—출판저널—

東文選 現代新書 31

프랑스 대학입학자격시험 대비 주제별 논술

노동, 교환, 기술

베아트리스 데코사

신은영 옮김

만일 철학이 우리 생활의 기쁨뿐만 아니라, 빈곤과 피곤의 무게를 감당할 수 없다면, 실상 이 철학은 단 한 시간의 노력을 기울일 만한 가치도 없을 것이다. 철학자가 별이 점점이 박힌 모자를 쓴 약장수는 아니지만, 또한 철학자도 추워서 빵 굽는 오븐 곁에 몸을 녹이는 사람이지만, 그는 사유에 의거해 무엇인가 신선한 것, 즉 노동의 진리와 교환의 진리, 기술의 진리 같은 진리를 발현시키는 것으로 자신의 긍지를 삼을 수 있을 것이다.

노동은 권리인가, 아니면 구속인가? 노동에 의한 소외와 실업에 의한 소외 사이의 절충점을 생각해 볼 수 있을 것인가?

임금을 지급함으로써 노동의 산물을 얻어내고, 또 그렇게 받은 임금을 주고 그 노동의 산물을 얻는 식으로 해서, 교환의 고리는 부조리한 방식으로 끊임없이 재형성되고 있는 것 같다. 사회를 재화의 유통으로 환원시킬 수 있을 것인가? 인간은 기술에 의해 구원을 얻을 것인가?

베아트리스 데코사는 이 책에서 이같은 사회적 현실에 대해 간결하고도 엄정한 질문을 던지고 있다. 그것이 논술 형태로 다루어져 있는 바, 고등학교 3학년 학생들은 여기서 자신의 사고를 자극할 만한 무언가를 찾을 수 있을 것이다.

東文選 現代新書 2

의지, 의무, 자유

루이 밀레

이대희 옮김

자유 속에서의 우리의 의지는 선의 완성 속에 고정되어 있지 않기 때문에, 우리 존재의 근본적인 법칙은 의무의 형태를 취한다. 그러므로 우리의 운명은 끊임없이 원하는 바에 따라서 선택하는 것이다. 우리는 어떤 의미에서는 항상 '가능태'이다. 다시 말하자면 우리는 다른 사람과 함께, 다른 사람 덕분에, 그리고 다른 사람을 위해 현재화하기 위해 산다. 그 어떤 것도 고독하지 않을 뿐만 아니라, 그 어떤 것도 확정적이지 않다.

육체의 자유로운 처분과 자본의 자유로운 순환. 자유결혼과 자유교역, 여성해방과 해방신학…… 경제에서 도덕에 이르기까지 근대성은 자유를 요구한다. 그런데 그것은 공기처럼 자유로운 것을 말하는가, 또는 자유낙하할 때처럼 자유로운 것을 말하는가? 나는 자유롭다고 착각하고 있는가? 혹은 참으로 자유로운가? 혼자 자유로운가, 아니면 다른 사람과 함께 자유로운가? 그리고 의무는 또 어떻게 할 것인가?

자, 이제 분명하고 엄격하게, 그리고 깊이 생각해 볼 때가 되었다. 이것이 이 책의 목적이다. 이 책은 자유와, 자유에 필연적으로 뒤따르는 개념인 의무와 의지에 관해 비켜갈 수 없는 아홉 개의 주제를 정확하게 다루고 있다.

본서는 프랑스대학연합출판사에서 펴낸, 고교 최종학년의 대학입학자격시험 논술 과목 마지막 정리를 위한 텍스트이다.

東文選 現代新書 35

여성적 가치의 선택

포르셍 연구소

문신원 옮김

  여성적인 가치들은 어떤 것인가? 그 가치들은 남성적인 가치들의 평가절하를 의미하는가, 아니면 반대로 새로운 공유 가치체계의 도래를 의미하는가? 이 새로운 가치체계는 정치적인 태도를 심오하게 변형시킬 것인가? 남성적인 가치들이 강하게 침투해 있는 기업에서는 어떤 문화적 혁명을 겪게 될 것인가?

  여기에서 말하는 여성적 가치들이란 남자 혹은 여자라는 구체적인 개인들을 가리키는 것이 아니라 원리들, 사회적 혹은 개인적인 기능의 모델들과 구조들, 판단과 결정의 기준들, 우리가 '남성적인' 혹은 '여성적인'이라고 규정지을 수 있는 행동들과 행위들을 말하는 것이다.

  본서는 169년의 전통을 자랑하는 프랑스 유수의 커뮤니케이션 그룹인 아바스(Havas)의 포르셍 연구소에서 21세기를 대비해 펴낸 미래 예측보고서 중의 하나이다. 전세계 63개국에 걸친 연구원들의 활동을 바탕으로 현재 우리 사회에서 태동하여 미래에 결정적인 역할을 하게 될 사회학적 움직임들을 세계적인 차원에서 깊숙이 파악하고 있다.

  본서는 권력 행사, 기업 경영, 과학, 기술 마케팅, 커뮤니케이션에 관한 여성적 가치의 실제적 파급효과에 관한 매우 중요한 지표들을 제공하고 있어, 각계의 지도자들은 물론 방면의 종사자들에게 반드시 일독을 권할 만한 책이다.

프랙탈 구조로 씌어진 미래 여행 안내서

미래를 원한다

조엘 드 로스네[著]

김덕희 + 문 선[譯]

　미래는 이렇게 준비되어 있다. 앉아서 기다릴 것인가, 창조해 나갈 것인가? 그리고 우리는 무엇을 준비해야 할 것인가?

　정치가들은 10년을 마치 영원한 것처럼 보고 있다. 그들이 말하는 미래는 주로 다음 선거기간에 초점이 맞추어져 있다. 그런 그들에게 우리의 미래를 맡길 수는 없다. 오랫동안 신비한 미래의 지평선처럼 여겨왔던 2000년은 이제 진부한 것이 되어 버렸다. 2100년조차도 현재 진행중인 사업운영적 측면에서 거의 흥미를 끌지 못한다. 다시 말해 100년 앞을 내다보아도 결코 충분치 않다는 말이다.

　미국 MIT대학 교수 및 프랑스 파스퇴르 연구소 응용연구원을 역임한 바 있으며, 현재 프랑스 과학산업단지 국제협력관계 임원인 조엘 드 로스네 박사의 2000년대에 대한 고찰은 과학과 기술 분야를 넘어선다. 그는 미래 세계에 필요한 새로운 정치적·경제적·환경적·문화적 접근을 해보인다. 보다 정당하고 보다 공평한 사회를 건설하기 위해 미래의 학교와 언론·산업은 어떻게 구상되어야 하는가?

　지금의 청소년들의 미래는 어떤 모습이며, 무엇을 가르치고 준비시켜야 할까? 미래 세계를 향한 흥미진진한 여행 안내서로서 미래를 꿈꾸는 자라면 반드시 읽어야 할 필독서!

【주요 내용】

- 새로운 생명기능 출현
- 프랙탈 시간, 프랙탈 지식
- 카오스의 언저리
- 가이아와 사이바이온트의 공생
- 마법의 수정구슬
- 다섯번째 패러다임

- 배운다는 것은 제거한다는 것이다
- 기생경제, 빅 브라더, 전자마약
- 가상현실 : 복제와 편재성
- 역마케팅과 선별마케팅
- 미래의 정부, 미래의 언론
- 지능적 기업, 가상기업

東文選 現代新書 47

이성의 한가운데에서

── 이성과 신앙

알랭 퀴노 / 최은영 옮김

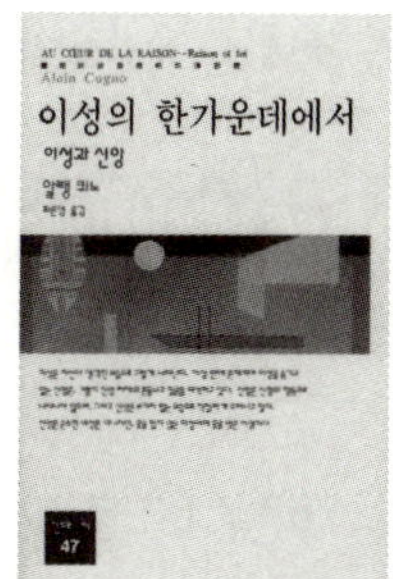

　이성과 신앙은 어떤 관계인가? 이 질문은 언제나 제기할 수 있는 것이다. 우리는 왜 그런 질문을 제기하는지 그 이유를 알 필요가 있다. 그 질문을 오늘날에는 왜 제기하며, 철학적으로 무슨 이유에서 제기하는가?

　우리는 이성에 대한 추론을 신앙에 대한 추론과 비교해야만 하는가? 신앙과 이성이 실존의 의미를 이해할 수 있도록 보완해 주고 있지는 않은가?

　진정 당신은 무엇을 믿고 있는가? 또 생을 위해 무엇을 기대하고 있는가?

　이성은 자신이 생각한 모습으로 그렇게 나타난다. 이성 안에 존재하며 이성을 숨기고 있는 신앙은, 기쁨이 신앙 자체와 혼동되고 있음을 파악하고 있다. 신앙은 신앙의 행동으로 나타나지 않으며, 그리고 신앙은 보이지 않는 모습으로 적절하게 드러나고 있다. 신앙은 순수한 이성은 아니지만, 옷을 입지 않은 이성이며 옷을 벗은 이성이다.

　이성은 누구나 좀더 선명하고 현실적인 세상에서 살 수 있도록 하기 위해 질문을 제기하는 사명을 띠고 있다.

　경솔하지만 위험을 무릅쓰고 질문에 대답하고, 그 질문에 관해 이야기할 필요가 있다. 그것이 바로 사고의 자유를 구속하기보다는 반대로 사고에 더 큰 자율성을 부여해 줌으로써 완전히 주장할 수 있도록 해주는 이성과 신앙의 상관 관계의 본질이다.

東文選 現代新書 1

21세기를 위한
새로운 엘리트

FORSEEN 연구소 (프)

김경현 옮김

우리 사회의 미래를 누르고 있는 경제적·사회적 그리고 도덕적 불확실성과 격변하는 세계에서 새로운 지표들을 찾는 어려움은 엘리트들의 역할과 책임에 대한 재고를 요구한다.

엘리트의 쇄신은 불가피하다. 미래의 지도자들은 어떠한 모습을 갖게 될 것인가? 그들은 어떠한 조건하의 위기 속에서 흔들린 그들의 신뢰도를 다시금 회복할 수 있을 것인가? 기업의 경영을 위해 어떠한 변화를 기대해야 할 것인가? 미래의 결정자들을 위해서 어떠한 교육이 필요한가? 다가오는 시대의 의사결정자들에게 필요한 자질들은 어떠한 것들일까?

이 한 권의 연구보고서는 21세기를 이끌어 나갈 엘리트들에 대한 기대와 조건분석을 시도하고 있으며, 구체적으로 그들이 담당할 역할과 반드시 갖추어야 될 미래에 대한 비전을 제시하고 있다.

본서는 프랑스의 세계적인 커뮤니케이션 그룹인 아바스 그룹 산하의 포르셍 연구소에서 펴낸 《미래에 대한 예측총서》 중의 하나이다. 63개국에 걸친 연구원들의 활동을 바탕으로 세계적인 차원에서 우리 사회를 변화시키게 될 여러 가지 추세들을 깊숙이 파악하고 있다.

사회학적 추세를 연구하는 포르셍 연구소의 이번 연구는 단순히 미래를 예측하는 데에 그치는 것이 아니라, 미래를 준비하는 자들로 하여금 보충적인 성찰의 요소들을 비롯해서, 그들을 에워싸고 있는 세계에 대한 보다 넓은 이해를 지닌 상태에서 행동하고 앞날을 맞이하게끔 하기 위해서 이 관찰을 활용하자는 것이다.

경제적 공포

비비안느 포레스테[지음]

김주경[옮김]

경제적 공포

노동의 소멸과 잉여 존재

비비안느 포레스테
VIVIANE FORRESTER
동문선 옮김

동문선

"우리의 일자리를 가로채 놓고, 그것도 모자라 부끄러운 줄도 모르고 감히 임금 인상까지 요구하다니 !"

아직 일자리를 갖고 있는 사람, 비록 봉급은 얼마 안 되지만 그래도 실직당하지 않고 일하러 다니는 사람을 보면, 〈제거된 지방질〉은 그를 일종의 특혜자로 여긴다. 남의 이익을 가로챈 자가 바로 그 자라고 여기는 것이다. 진짜 특권자들이 한껏 누리고 있는 특혜는 단 한번도 문제삼아 본 일이 없으면서 !

피도 눈물도 없이 냉정하게 퍼져가고 있는 불안감 속에서 떨고 있는 자들 중, 극히 미미한 숫자의 사람들만이 싸구려 일감을 차지하는 혜택을 입게 될 것이다. 그렇다고 해서 그들이 빈곤으로부터 벗어날 수 있는 것은 아니다. 그리고 그외의 사람들은 여전히 모욕감과 박탈감, 그리고 위기감을 동반하는 불안감에 떨고 있게 된다. 어떤 삶은 그 불안감 때문에 단축되기도 할 것이다.

● 착취당할 기회조차 없는 〈쓸모없는 잉여존재〉들.
● 노동의 부재는 神이 내린 은총?
● 〈살아갈 권리〉를 갖기 위해서는 〈살아남을 자격〉이 필요한가?
● 〈추방된 자〉에서 〈배제된 자〉로, 그리고 〈제거된 자〉로.
● 수익성을 올리는 데 이용할 가치가 없는 자들의 삶이 과연 우리 사회에 〈유용〉할까?
● 〈착취〉〈투쟁〉〈계층〉…. 아직도 이런 촌스러운 어휘를 사용하고 있다니!
● 해결책이 없을 수도 있다.
● 신조어 〈고용될 수 있는 능력〉,〈그럴 듯한 보장〉의 허구성.
● 머지않아 다시 흡수할 것이라고 한없이 되풀이되는 헛된 약속을 믿고 싶어하는 이유.

東文選 現代新書 38

분류하기의 유혹

—— 생각하기와 조직하기

조르주 비뇨 / 임기대 옮김

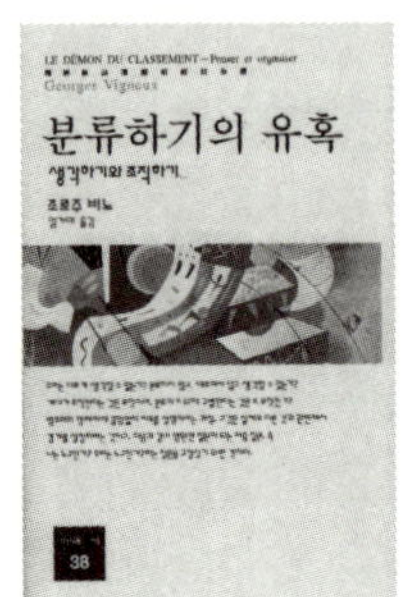

우리는 다르게 생각할 수 있는가? 분류하지 않고, 대조하지 않고 생각할 수 있는가? 게다가 조직한다는 것은 무엇이며, 분류하기 위해 구별한다는 것은 또 무엇인가?

다양한 만큼이나 여러 범주로 조직하는 것과는 다르게 세상을 생각할 수 있는가? 분류하는 데 있어서 지나칠 정도로 사물을 분류한다거나, 지나칠 정도로 개개인에 대해 목록을 작성하려는 것은 예외가 있을 것이라는 위험을 유포하는 것은 아닌가?

인간이란 종은 규범적 차이와 배열을 체험한다. 사물이란 '자신들의' 자리에 있고, 그렇게 되기 위해서는 그 자리에 사물을 '명명하기' 위한 '속성'을 부여해야 할 필요가 있다. 범주화의 형태하에 끊임없이 지표를 설정하려는 과정, 그것은 실제로 다른 것과 관련해서 경계를 설정하려는 것이고, 다음과 같이 영원한 질문이 되는 이중 질문, 즉 나는 누구인가? 우리는 누구인가?라는 질문을 규정짓기 위한 것이다.

만약에 세상에 대한 설명이 더욱 멀고, 혼란스럽고, 추상적이기 때문에 선명하지 못하다면, 그것은 사람들이 일종의 감추어지고 고풍적인 세상의 기억과 같이 마술적이고 신화적인 것에 호소하고 있다는 단순함 때문이다.

東文選 現代新書 64

논 증
— 담화에서 사고까지

조르주 비뇨

임기대 옮김

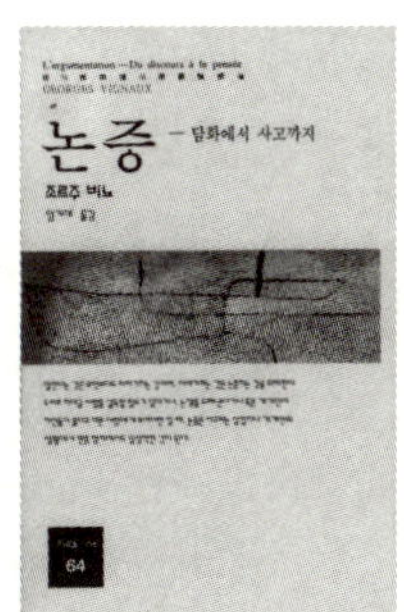

　말한다는 것은 무엇보다도 이야기하는 것이며, 이야기하는 것은 논증하는 것을 의미한다. 우리로 하여금 사람을 설득할 필요가 있다거나, 논쟁을 드러낸다거나, 혹은 개개인이 자신들이 옳다고 다른 사람에게 보여야만 할 때, 논증은 사고파는 상업이나 개개인의 생활에서 만큼 정치에서도 일상적인 것이 된다.

　일반적으로 받아들여지고 있는 생각들과 달리 논증은 개인이나 군중을 설득하려는 예술로도, 조작하려는 예술로도 말해지지 않는다. 논증은 우리 사고를 조절하고, 우리의 지식을 구축하며, 특히 그 지식을 더 잘 전달하기 위해서 우리 자신의 담화를 조직하는 거대한 예술과도 같다는 사실을 잘 보여 주고 있다.

　하지만 담화는 언어의 조작 과정과 결부되어 있고, 언어 체계에 의해서 요구되는 나름대로의 규칙을 가지고 있다. 그러한 것들을 엄격하게 정의해 보려는 데 특별한 애착을 가지고 있는 이 책은, 담화와 논증 과정의 원초적 분석을 예시하고 있다.

현대신서 11 : 옥스퍼드대학 철학입문

우리는 무엇을 아는가

토머스 나겔
오영미 [옮김]

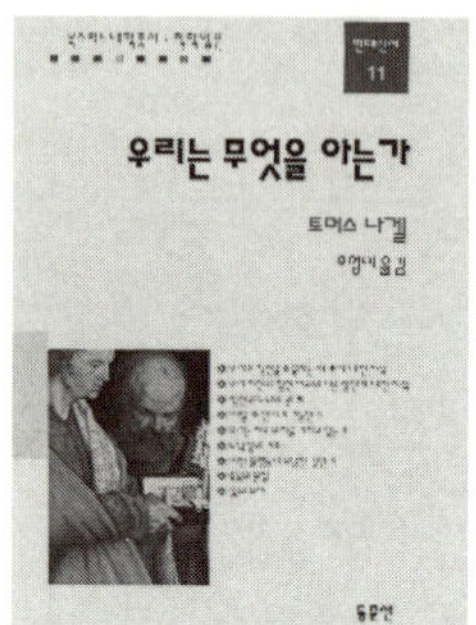

　보통 사람들에게 철학의 어려운 질문들이 문제시되어야 하는가? 저자는 왜 철학의 문제들이 수세기에 걸쳐 끊임없이 사상가들을 매료시키고, 또 당혹케 해왔는지를 생생하고 이해하기 쉬운 산문체의 글을 통해 밝힘으로써 그 문제들을 새롭게 조명한다.

　철학에 대해 배우는 가장 좋은 방법은 그 문제와 정면으로 부딪히는 것이라고 주장하면서, 그는 우리가 스스로에게 던질 수 있는 가장 중요한 몇 가지 질문들을 시작한다. 우리는 진정으로 자유 의지를 가질 수 있는가? 우리는 왜 도덕적이어야 하는가? 우리의 정신과 두뇌 사이에는 어떤 관계가 있는가? 사후에 삶이 존재하는가? 우리는 죽음에 대해 어떻게 느껴야 하는가? 수십억 광년의 거리를 가진 거대한 우주에서 우리가 살아가면서 행하는 어떤 것이 정말로 중요한가? 만약 그게 중요하지 않다면, 중요하지 않다는 그 사실이 또 문제가 되는가? 이러한 것들은 우리가 인간의 상황에 대해 던지는 영원한 질문들이며 나겔은 그것들을, 그리고 그와 유사한 다른 문제들을 사려 깊고 분명하게 그러면서도 유머를 가지고 탐구한다. 그는 자신의 의견을 자유롭게 토로하지만, 언제나 스스로 사고하도록 독자들을 격려함으로써 독자들이 다른 해답을 찾을 수 있는 여지를 남겨두는 참신함과 겸손을 잃지 않는다.

자식은 그 어미가 못생겼다고 미워할 수 없다

딸에게 들려 주는 작은 지혜

노르베르트 레흐레이트너
안영란 옮김

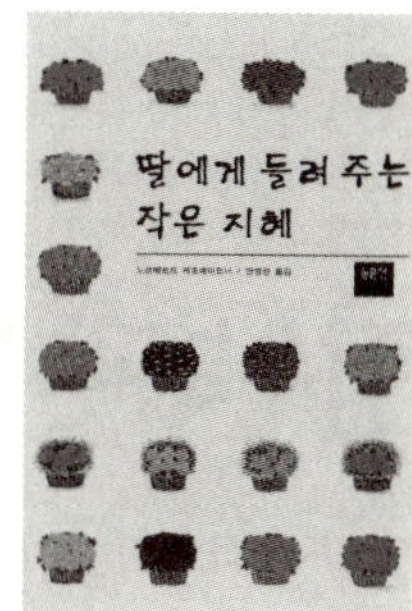

“행복이 그대의 문을 두드리거든 열어 주어라!”
말처럼 쉽지는 않지만, 살아가다 보면 간혹 생각을 조금만 달리하는 것으로도 금방 행복해지는 때가 있다. 그래서 고대 인도의 현인들은 우리가 두려움을 극복하고, 행복 앞에서 우리 자신의 닫힌 문을 여는 데 도움이 될 만한 이야기들을 생각해 내었다. 왜냐하면 자기와 다른 의견이나 사상을 거부하는 사람들은 많으나, 재미있는 이야기를 마다하는 사람들은 없다는 것을 알았기 때문이다. 이런 이야기는 그들의 문화권에서 뿐만 아니라 곧 페르시아와 아라비아로 전해지고, 이어 그리스와 라틴, 중국과 동남아시아 등 전세계로 확산되어 수많은 사람들의 정서와 내적 생활을 윤택하게 해주면서, 긴 세월을 전해 내려오고 있다.

본서는 이렇듯 다양한 전통과 종교의 시대에서 유래한, 작지만 아주 소중한 이야기들을 한데 모았다. 비유 또는 우화·일화 등으로 엮은 이 짤막한 이야기들은 대개 기발하고도 놀라운 핵심과 요점으로 끝맺음을 하여, 독자들로 하여금 일상에서 굳어진 사고방식을 깨뜨리고, 진리를 수용하고 깨달음을 얻을 수 있도록 자극한다.

우리는 결코 이전 시대 사람들보다 현명하게 태어났다고 할 수 없을 것이다. 이기심, 인식과 사유의 결핍, 두려움은 여전히 우리 자신의 일부로 남아 있다.

여기 모든 지혜담 속에는 참으로 묘한 힘이 있어 사람을 도울 수도, 치유할 수도 있다. 그러니 위안과 행복, 조화를 추구하는 영혼에게 일종의 향유와 같은 것이라 할 수 있겠다.

나비가 되어 날아간 한 남자의 치열하고도 아름다운 생의 마지막 노래. 세상에서 가장 아름답고도 애절한 이야기가 비틀스의 노래와 함께 펼쳐진다.

잠수복과 나비

장 도미니크 보비 / 양영란 옮김

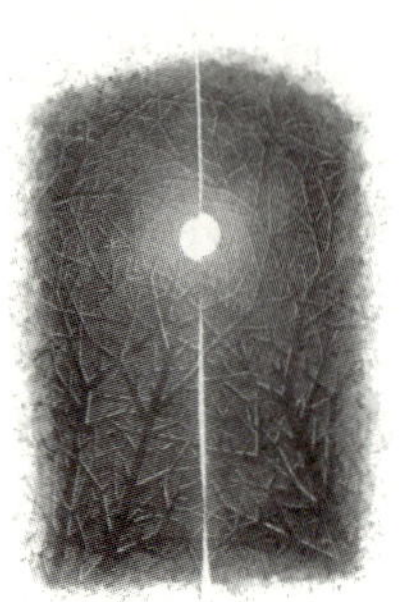

장 도미니크 보비. 프랑스 《엘르》지 편집장. 저명한 저널리스트이며 두 아이를 둔 자상한 아버지, 멋진 말을 골라 쓰는 유머러스한 남자. 앞서가는 정신의 소유자로서 누구보다도 자유를 구가하던 그는 1995년 12월 8일 금요일 오후 갑작스런 뇌졸중으로 쓰러졌다. 3주 후 의식을 회복했으나, 그가 움직일 수 있는 것은 오직 왼쪽 눈꺼풀뿐. 그로부터 그의 또 다른 인생, 비록 15개월 남짓에 불과한 '새로운' 인생이 시작되었다.

유일한 의사 소통 수단인 왼쪽 눈꺼풀을 20만 번 이상 깜박거려 15개월 만에 완성한 책 《잠수복과 나비》. 마지막 생명력을 쏟아부어 쓴 이 책은, 길지 않은 그의 삶에서 일어났던 일화들을 진솔하게 묘사하고 있다.

그러나 그의 이야기는 유머와 풍자로 가득 차 있다. 슬프지만 측은하지 않으며, 억지로 눈물과 동정을 유도할 만큼 감상적이지도 않다. 오히려 멋진 문장들로 읽는 이를 즐겁게 해준다. 그리하여 살아남은 자들에게 희망과 용기를 주며, 삶의 그 모든 것들이 얼마나 소중한가를 새삼 일깨워 준다. 아무튼 독자들은 이제껏 경험해 보지 못한 진한 감동과 형언할 수 없는 경건함을 맛보게 될 것이다.

《잠수복과 나비》는 출간되자마자 프랑스 출판사상 그 유례가 없는 엄청난 베스트셀러가 되었으며, 보비는 자기만의 필법으로 쓴 자신의 책을 그의 소중한 한쪽 눈으로 확인한 사흘 후 옥죄던 잠수복을 벗어던지고 나비가 되어 날아갔다. 자유로운 그만의 세계로……

국영 프랑스 TV는 그의 치열하고도 아름다운 마지막 삶을 다큐멘터리로 2회에 걸쳐 방영하였으며, 프랑스 전국민들은 이 젊은 지식인의 죽음 앞에 최대한의 존경과 애도를 보냈다.